Processo
tributário

volume 2

Central de Qualidade — FGV Management
ouvidoria@fgv.br

SÉRIE DIREITO TRIBUTÁRIO

Processo tributário

volume 2

Joaquim Falcão
Sérgio Guerra
Rafael Almeida

Organizadores

Copyright © 2017 Joaquim Falcão; Sérgio Guerra; Rafael Almeida

Direitos desta edição reservados à
EDITORA FGV
Rua Jornalista Orlando Dantas, 37
22231-010 | Rio de Janeiro, RJ | Brasil
Tels.: 0800-021-7777 | 21-3799-4427
Fax: 21-3799-4430
editora@fgv.br | pedidoseditora@fgv.br
www.fgv.br/editora

Impresso no Brasil | Printed in Brazil

Todos os direitos reservados. A reprodução não autorizada desta publicação, no todo ou em parte, constitui violação do copyright (Lei nº 9.610/98).

Os conceitos emitidos neste livro são de inteira responsabilidade dos autores.

1ª edição – 2017

Preparação de originais: Sandra Frank
Editoração eletrônica: FA Studio
Revisão: Aleidis de Beltran | Fatima Caroni
Capa: aspecto:design

Ficha catalográfica elaborada pela
Biblioteca Mario Henrique Simonsen/FGV

Processo tributário, v.2 / Organizadores Joaquim Falcão, Sérgio Guerra, Rafael Almeida. – Rio de Janeiro : Editora FGV, 2017.
132 p. – (Direito tributário (FGV Management))

Publicações FGV Management.
Inclui bibliografia.
ISBN: 978-85-225-1817-3

1. Processo tributário. I. Falcão, Joaquim, 1943- . II. Guerra, Sérgio, 1964- . III. Almeida, Rafael. IV. Fundação Getulio Vargas. V. FGV Management. VI. Série.

CDD – 341.39

Nossa missão é construir uma Escola de Direito referência no Brasil em carreiras públicas e direito empresarial, formando lideranças para pensar o Brasil no longo prazo e ser referência no ensino e na pesquisa jurídica para auxiliar o desenvolvimento e o avanço do país.

FGV DIREITO RIO

Sumário

Apresentação   9

Introdução   11

1 | Execução fiscal: dívida ativa   13
   Roteiro de estudo   13
      Execução fiscal   13
      Legitimidade   15
      Certidão de dívida ativa (CDA)   16
      Garantia do juízo   25
      Suspensão da execução fiscal   40
      Prazo prescricional na execução fiscal   42
      Fraude à execução   46
   Questões de automonitoramento   49

2 | Execução fiscal: defesas do contribuinte. Embargos, exceção   51
   Roteiro de estudo   51

Breve apresentação do tema   51
Embargos do devedor   61
Medida cautelar antecipatória dos efeitos
   da penhora   82
Questões de automonitoramento   86

3 | Ações: ação anulatória/ação declaratória   87
Roteiro de estudo   87
Ações ordinárias   87
Questões de automonitoramento   110

4 | Sugestões de casos geradores   111
Execução fiscal: dívida ativa (cap. 1)   111
Execução fiscal: defesas do contribuinte. Embargos, exceção (cap. 2)   112
Ações: ação anulatória/ação declaratória (cap. 3)   113

Conclusão   115

Referências   117

Organizadores   125

Colaboradores   127

Apresentação

Aliada à credibilidade de mais de meio século de excelência no ensino de economia, administração e de outras disciplinas ligadas à atuação pública e privada, a Escola de Direito do Rio de Janeiro da Fundação Getulio Vargas – FGV DIREITO RIO – iniciou suas atividades em julho de 2002. A criação dessa nova escola é uma estratégia da FGV para oferecer ao país um novo modelo de ensino jurídico capaz de formar lideranças de destaque na advocacia e nas carreiras públicas.

A FGV DIREITO RIO desenvolveu um cuidadoso plano pedagógico para seu Programa de Educação Continuada, contemplando cursos de pós-graduação e de extensão. O programa surge como valorosa resposta à crise do ensino jurídico observada no Brasil nas últimas décadas, que se expressa pela incompatibilidade entre as práticas tradicionais de ensino do direito e as demandas de uma sociedade desenvolvida.

Em seu plano, a FGV DIREITO RIO assume o papel de formar profissionais preparados para atender às reais necessidades e expectativas da sociedade brasileira em tempos de globalização. Seus cursos reforçam o comprometimento da escola em inserir no mercado profissionais de direito capazes de lidar com áreas interdisciplinares, dotados de uma visão ampla das questões jurídicas e com sólidas bases acadêmica e prática.

A Série Direito Tributário é um importante instrumento para difusão do pensamento e do tratamento dado às modernas teses e questões discutidas nas salas de aula dos cursos de MBA e de pós-graduação, focados no direito tributário, desenvolvidos pela FGV DIREITO RIO.

Dessa forma, esperamos oferecer a estudantes e advogados um material de estudo que possa efetivamente contribuir com seu cotidiano profissional.

Introdução

Este volume, dedicado ao estudo do processo tributário, tem origem em profunda pesquisa e sistemática consolidação dos materiais de aula acerca de temas que despertam crescente interesse no meio jurídico e reclamam mais atenção dos estudiosos do direito. A intenção da Escola de Direito do Rio de Janeiro da Fundação Getulio Vargas é tratar de questões atuais sobre o tema, aliando a dogmática e a pragmática jurídicas.

A obra trata, de forma didática e clara, dos conceitos e princípios do processo tributário, analisando as questões em face das condições econômicas do desenvolvimento do país e das discussões recentes sobre o processo de reforma do Estado.

O material aqui apresentado abrangerá assuntos relevantes, como:

❑ execução fiscal: dívida ativa;
❑ execução fiscal: defesas do contribuinte. Embargos, exceção;
❑ ações: ação anulatória/ação declaratória.

Em conformidade com a metodologia da FGV DIREITO RIO, cada capítulo conta com o estudo de *leading cases* para auxiliar na compreensão dos temas. Com ênfase em casos práticos, pretendemos oferecer uma análise dinâmica e crítica das normas vigentes e sua interpretação.

Esperamos, assim, fornecer o instrumental técnico-jurídico para os profissionais com atuação ou interesse na área, visando fomentar a proposição de soluções criativas para problemas normalmente enfrentados.

1

Execução fiscal: dívida ativa

Roteiro de estudo

Execução fiscal

O processo de execução é conceituado por José Carlos Barbosa Moreira como a atividade jurisdicional que "se manifesta, de maneira preponderante, por meio de atos materiais, destinados a modificar a realidade sensível, afeiçoando-a, na medida do possível, àquilo que, segundo o direito, ela deve ser".[1]

O direito de crédito objeto da execução advém de títulos executivos que podem ser de duas espécies: judiciais, formados por meio de um processo judicial, ou extrajudiciais, formados fora do processo judicial e assim reconhecidos pela lei processual.

Ainda analisando os aspectos gerais da execução civil, o autor elenca os princípios próprios desse tipo de atividade

---

[1] MOREIRA, José Carlos Barbosa. *O novo processo civil brasileiro*. 22. ed. Rio de Janeiro: Forense, 2004. p. 185.

jurisdicional, dos quais dois podem ser destacados: (1) *princípio da efetividade da execução forçada*: mera aplicação ao processo de execução do princípio da efetividade do processo; (2) *princípio do menor sacrifício possível do executado*: princípio decorrente da previsão do art. 805 do Código de Processo Civil (CPC/2015).

A relevância desses princípios reside justamente na conciliação dos interesses das partes, exequente e executado, ao indicar que a execução é feita no interesse do credor, privilegiando-se a satisfação de seu crédito, porém com a menor onerosidade possível ao executado. A interessante questão advinda da conciliação desses princípios será analisada adiante, à luz da jurisprudência do Superior Tribunal de Justiça (STJ).

Feita esta breve introdução sobre o processo de execução, passa-se à análise da execução fiscal. Como se sabe, a execução dos créditos da Fazenda Pública, com seus privilégios e prerrogativas, obedece a um regramento especial estabelecido pela Lei nº 6.830/1980, também denominada Lei de Execuções Fiscais (LEF). Essa lei consagra os mecanismos processuais para a cobrança dos débitos inscritos na dívida ativa da União, dos estados, do Distrito Federal, dos municípios e respectivas autarquias, sejam esses créditos tributários ou não tributários, como determinado por art. 1º, *verbis*:

> Art. 1º. A execução judicial para cobrança da Dívida Ativa da União, dos Estados, do Distrito Federal, dos Municípios e respectivas autarquias será regida por esta Lei e, subsidiariamente, pelo Código de Processo Civil.

Desde já, é importante ressaltar a aplicação subsidiária do Código de Processo Civil (CPC) ao processo de execução fiscal, consoante a expressa previsão do artigo acima transcrito, em virtude das diversas aplicações práticas dessa subsidiariedade, que será mais bem abordada no capítulo 2 referente a defesas do executado.[2]

É importante ressaltar, entretanto, que as regras da citação por edital são diferentes na LEF e no CPC, sendo a LEF aplicada por especialidade. O STJ já pacificou o entendimento acerca da possibilidade de citação por edital na execução fiscal, conforme Súmula nº 414, a seguir transcrita: "A citação por edital na execução fiscal é cabível quando frustradas as demais modalidades".

Legitimidade

O rito compreendido na LEF é específico para a cobrança dos créditos da Fazenda Pública, pois só ela possui o privilégio de poder constituir unilateralmente o título executivo que irá lastrear a execução fiscal, passando os créditos fazendários, a partir de sua inscrição em dívida ativa, a gozar de presunção relativa de liquidez e certeza.

As entidades que compõem a federação brasileira – União, estados, Distrito Federal e municípios – e suas respectivas autarquias estão, pois, legitimadas a ajuizar execução fiscal para a cobrança de seus créditos.

Fundações são entidades autárquicas e podem propor execução fiscal.

Por não terem a prerrogativa de constituir unilateralmente o título executivo, tampouco estarem arroladas no comando do art. 1º da LEF, as pessoas jurídicas de direito privado, ainda que titulares de créditos decorrentes de prestação de serviço público delegado, não têm legitimidade para se valer do rito especial da LEF.

---

[2] Apenas para citar alguns exemplos da aplicação do CPC à LEF: (1) casos de suspeição ou impedimento do juiz; e (2) normas sobre o leilão (STJ, Súmula nº 128).

Autarquias, quando exploradoras de atividade econômica, carecem de legitimidade para a propositura de execução fiscal, eis que, não exercendo função tipicamente administrativa, não podem gozar de privilégios fiscais não extensivos ao setor privado, equiparando-se, para os efeitos do comando constitucional do art. 173, § 2º, às empresas públicas e às sociedades de economia mista.

Certidão de dívida ativa (CDA)

A execução fiscal funda-se em título executivo extrajudicial, pois o título em que se baseia não é formado em processo judicial. Trata-se da certidão de dívida ativa (CDA), que é extraída do termo de inscrição em dívida ativa. A CDA instruirá a peça inicial da ação de execução fiscal ou poderá, também, constituir um mesmo documento com a petição inicial, cujos requisitos constam do art. 6º da LEF:

> Art. 6º. A petição inicial indicará apenas:
> I - o Juiz a quem é dirigida;
> II - o pedido; e
> III - o requerimento para a citação.
> § 1º. A petição inicial será instruída com a Certidão da Dívida Ativa, que dela fará parte integrante, como se estivesse transcrita.
> § 2º. A petição inicial e a Certidão de Dívida Ativa poderão constituir um único documento, preparado inclusive por processo eletrônico.
> § 3º. A produção de provas pela Fazenda Pública independe de requerimento na petição inicial.
> § 4º. O valor da causa será o da dívida constante da certidão, com os encargos legais.

A definição de dívida ativa tributária encontra-se no art. 201 do Código Tributário Nacional (CTN):

> Art. 201. Constitui dívida ativa tributária a proveniente de crédito dessa natureza, regularmente inscrita na repartição administrativa competente, depois de esgotado o prazo fixado, para pagamento, pela lei ou por decisão final proferida em processo regular.
> Parágrafo único. A fluência de juros de mora não exclui, para os efeitos deste artigo, a liquidez do crédito.

Para que seja considerada regularmente inscrita, além da inexistência de vícios no processo do qual se originou a inscrição, o termo de inscrição em dívida ativa deve observar uma série de requisitos previstos no art. 202 do CTN e do art. 2º, § 5º, da LEF, os quais são interpretados teleologicamente como requisitos para a viabilização da ampla defesa do executado e do contraditório.

A respeito da observância desses requisitos, é válida a transcrição do art. 203 do CTN:

> Art. 203. A omissão de quaisquer dos requisitos previstos no artigo anterior, ou o erro a eles relativo, são causas de nulidade da inscrição e do processo de cobrança dela decorrente, mas a nulidade poderá ser sanada até a decisão de primeira instância, mediante substituição da certidão nula, devolvido ao sujeito passivo, acusado ou interessado o prazo para defesa, que somente poderá versar sobre a parte modificada.

Com relação à possibilidade de substituição ou emenda da CDA, o art. 2º, § 8º, da LEF também estabelece que "até a decisão de primeira instância, a Certidão de Dívida Ativa poderá ser emendada ou substituída, assegurada ao executado a devolução do prazo para embargos".

Sobre essa questão, vale destacar os ensinamentos de Humberto Theodoro Jr.:[3]

> Essa substituição visa corrigir os erros materiais do título executivo ou mesmo da inscrição que lhe serviu de origem. Não tem, contudo, a força de permitir a convalidação de nulidade plena do próprio procedimento administrativo, como que decorre do cerceamento de defesa ou da inobservância do procedimento legal no lançamento e apuração do crédito fazendário.

Deve ser ressaltado, entretanto, que o STJ não tem adotado postura formalista ao analisar tais requisitos, exigindo a demonstração de eventual prejuízo ao direito de defesa do executado pela não compreensão da dívida cobrada. É o que se depreende dos seguintes julgados:

> EXECUÇÃO FISCAL. CDA. REQUISITOS. ART. 2º, §§ 5º E 6º, DA LEI Nº 6.830/1980. AUSÊNCIA DE VÍCIO SUBSTANCIAL OU PREJUÍZO À DEFESA.
> I - Os requisitos legais para a regularidade da certidão de dívida ativa elencados no artigo 2º, §§ 5º e 6º, da Lei nº 6.830/1980 servem ao exercício da ampla defesa. Desse modo, a inexatidão ou eventual irregularidade constante do referido título somente implica sua nulidade quando privarem o executado da completa compreensão da dívida cobrada. Precedentes análogos: AgRg no REsp nº 782075-MG, Relator: Ministro Francisco Falcão, In: DJ, de 06 de março de 2006. REsp nº 660895-PR, Relator: Ministro Castro Meira, DJ de 28 de novembro de 2005; REsp nº 660623-RS. Relator: Ministro Luiz Fux, DJ de 16 de maio de 2005; REsp nº 485743-ES.

---

[3] THEODORO JR., Humberto. *Lei de Execução Fiscal*. 11. ed. São Paulo: Saraiva, 2009. p. 26.

II - Na hipótese, as decisões de primeiro e de segundo graus deixaram claro que a irregularidade quanto ao valor original do título não importa qualquer prejuízo à executada, pois a importância correta pode ser obtida a partir do montante atualizado. Ademais, consta expressamente na CDA número do processo administrativo que precedeu a cobrança, o qual permite aferir a correção dos cálculos efetuados pelo fisco.

III - Recurso Especial improvido.[4]

TRIBUTÁRIO – EMBARGOS À EXECUÇÃO FISCAL – ICMS – CERTIDÃO DE DÍVIDA ATIVA – REQUISITOS FORMAIS (ARTS. 202 E 203 DO CTN E ART. 2º, § 5º, DA LEF) – OMISSÕES E CONTRADIÇÃO: INEXISTÊNCIA – FUNDAMENTAÇÃO DEFICIENTE: SÚMULA 284/STF – AUSÊNCIA DE PRÉ-QUESTIONAMENTO: SÚMULA 282/STF.

[...]

6. Os requisitos formais da CDA visam dotar o devedor dos meios necessários a identificar o débito e, assim, poder impugná-lo.

7. Não se exige cumprimento de formalidade, sem demonstrar o prejuízo que ocorreu pela preterição da forma. Princípio da instrumentalidade dos atos.

8. A omissão na CDA, quanto à indicação da forma de cálculo dos juros de mora, não leva à nulidade do título, se tais informações constam de processo administrativo juntado aos autos da execução, sendo, portanto, do conhecimento do devedor. Além disso, tal informação decorre da legislação pertinente, indicada na CDA.

9. Recurso especial conhecido em parte e, nessa parte, não provido.[5]

---

[4] BRASIL. Superior Tribunal de Justiça. Primeira Turma. REsp nº 893.541/RS. Relator: ministro Francisco Falcão. Julgamento em 12 de dezembro de 2006. *DJ*, 8 mar. 2007.
[5] BRASIL. Superior Tribunal de Justiça. Segunda Turma. REsp nº 891.137/RS. Relatora: ministra Eliana Calmon. Julgamento em 15 de abril de 2008. *DJe*, 29 abr. 2008.

Identificada a ausência dos requisitos formais, os artigos anteriormente transcritos garantem à Fazenda Pública o direito de emendar ou substituir a CDA, sendo garantido ao executado a reabertura do prazo para oposição de embargos do devedor. O seguinte precedente ilustra com bastante propriedade as linhas mestras da questão:

> RECURSO ESPECIAL – ALÍNEA "A" – TRIBUTÁRIO – EMBARGOS À EXECUÇÃO FISCAL – CDA – EMENDA – POSSIBILIDADE ATÉ A PROLAÇÃO DA SENTENÇA – INTIMAÇÃO PARA APRESENTAÇÃO DE NOVOS EMBARGOS – PRAZO DE 30 DIAS – NECESSIDADE – INTELIGÊNCIA DO ART. 2º, § 8º, DA LEI N. 6.830/1980.
>
> A Certidão de Dívida Ativa pode ser substituída até a decisão de primeira instância, ou seja, desde que a petição inicial da execução é submetida ao despacho inicial do juiz até a prolação da sentença que decidir os embargos à execução fiscal eventualmente opostos (cf. art. 2º, § 8º, da Lei n. 6.830/1980). A Fazenda Pública tem a prerrogativa de alterar a *causa petendi* no curso da ação executiva. Indispensável, no entanto, a intimação do executado após a emenda do título para oposição de novos embargos, assinalado o prazo de 30 dias, na forma do artigo 2º, § 8º, da Lei de Execuções Fiscais.
>
> A executada foi intimada do despacho que deferiu a emenda da CDA por meio de seu advogado, situação que não supre a necessidade de intimação específica para oposição de embargos. Evidencia-se, pois, violação ao direito de defesa do executado, que, em sua manifestação, limitou-se a reiterar os termos contidos na petição dos primeiros embargos e a rebater o conteúdo da impugnação, mencionando, *en passant*, a impossibilidade de emenda do título executivo.
>
> Recurso especial provido.[6]

---

[6] BRASIL. Superior Tribunal de Justiça. Segunda Turma. REsp nº 504.168/SE. Relator: ministro Franciulli Neto. Julgamento em 19 de agosto de 2003. *DJU*, 28 out. 2003.

Contudo, caso o equívoco seja substancial, como a indicação de pessoa falecida antes da inscrição em dívida ativa ou a indicação de sociedade falida, cuja falência tenha sido declarada anteriormente à inscrição, no lugar da massa falida, há jurisprudência no sentido de que o caso seria de ilegitimidade passiva ocasionando a extinção da execução.[7]

Outrossim, em sucessivos precedentes, o STJ decidiu pela perda da exequibilidade do título executivo na hipótese de inexistência ou extravio do processo administrativo que lhe deu causa. Destarte, impõe à Fazenda o dever de suportar o ônus processual relacionado ao eventual extravio do processo administrativo requisitado pelo juízo, eis que a defesa do devedor não pode ficar prejudicada pela desídia da parte exequente.

Essa orientação foi originalmente firmada no seguinte precedente:[8]

> PROCESSO CIVIL E TRIBUTÁRIO – EXECUÇÃO FISCAL – PROCESSO ADMINISTRATIVO-FISCAL EXTRAVIADO – PERDA DA EXIGIBILIDADE DO TÍTULO.
>
> 1. A Lei 6.830/1980 exige que conste da certidão de dívida ativa o número do processo administrativo-fiscal que deu ensejo à cobrança. Macula a CDA a ausência de alguns dos requisitos.
>
> 2. O extravio do processo administrativo subtrai do Poder Judiciário a oportunidade de conferir a CDA, retirando do contribuinte a amplitude de defesa.
>
> 3. Equivale o extravio à inexistência do processo, perdendo o título a exequibilidade (inteligência do art. 2º, § 5º, inciso VI, da LEF).
>
> 4. Recurso especial improvido.[9]

---

[7] BRASIL. Tribunal Regional Federal. Segunda Região. Quarta Turma Especializada. Apelação Cível nº 2003.51.02.005634-4. Relator: desembargador Luiz Antonio Soares. Julgamento em 25 de novembro de 2008. *DJ*, 28 jan. 2009.
[8] Posteriormente, tal posição veio a ser reafirmada no julgamento dos REsp nº 686.777/MG e nº 945.390/ES.
[9] BRASIL. Superior Tribunal de Justiça. Segunda Turma. REsp nº 274.746/RJ. Relatora: ministra Eliana Calmon. Julgamento em 19 de março de 2002. *DJ*, 13 maio 2002.

Destaca-se, ainda, a Súmula nº 392/STJ, que dispõe:

> A Fazenda Pública pode substituir a certidão de dívida ativa (CDA) até a prolação da sentença de embargos quando se tratar de correção de erro material ou formal, vedada a modificação do sujeito passivo da execução.

A execução não precisa vir acompanhada de cópia do processo administrativo, mas os elementos constantes de procedimento administrativo poderão ingressar nos autos do executivo fiscal (ou de qualquer outra ação incidental) mediante cópias autenticadas ou certidões que venham a ser obtidas pelas partes.

A requisição judicial, quando solicitada pela parte executada ou por terceiro interessado (*v.g.*, em embargos de terceiro), fica a depender, assim, de demonstração efetiva da recusa administrativa prévia.[10]

Consoante o disposto no art. 204 do CTN,[11] a dívida regularmente inscrita goza da presunção de certeza e liquidez, e tem o efeito de prova pré-constituída. Ressalte-se, por oportuno, que não se aplica às execuções fiscais de dívida ativa tributária a suspensão do prazo prescricional por 180 dias por ocasião da inscrição (art. 2º, § 3º, da LEF), em vista de a prescrição ser matéria reservada à lei complementar, conforme previsão do art. 146, III, "b", da Constituição em vigor (CRFB/1988). A esse respeito, vejam-se os seguintes precedentes:

> EXECUÇÃO FISCAL. SUSPENSÃO DA PRESCRIÇÃO POR 180 DIAS. ART. 2º, § 3º, DA LEI 6.830/80. MATÉRIA RESERVADA

---

[10] "Cabe ao juiz a requisição de documentos ou informações somente ante a comprovação de recusa por parte do órgão administrativo em fornecê-los à parte interessada" (BRASIL. Tribunal Regional Federal. Quarta Região. Primeira Turma. Ag nº 419.304-1/97/SC. Relator: juiz Fábio Rosa. *DJ*, 10 mar. 1999, p. 838).

[11] Semelhante é a redação do art. 3º da LEF.

À LEI COMPLEMENTAR. NORMA APLICÁVEL SOMENTE ÀS DÍVIDAS NÃO TRIBUTÁRIAS.

I - Esta Corte sedimentou o entendimento de que o art. 2º, § 3º, da Lei 6.830/80, só é aplicável às dívidas de natureza não tributária. Já às dívidas de natureza tributária, é aplicável o art. 174 do CTN, norma recepcionada pela Constituição Federal com status de Lei Complementar. Precedentes: AgRg no Ag 863.427-MG, Relator: Ministro Luiz Fux, In: DJ, de 20 de setembro de 2007; REsp 611536-AL, Relator: Ministro Teori Albino Zavascki, Relator para Acórdão: Ministro José Delgado, In: DJ, de 14 de maio de 2007.

II - Agravo regimental improvido.[12]

PROCESSUAL CIVIL E TRIBUTÁRIO. EXECUÇÃO FISCAL. PIS. PRESCRIÇÃO. ART. 2º, § 3º, DA LEI 6.830-80 (SUSPENSÃO POR 180 DIAS). NORMA APLICÁVEL SOMENTE ÀS DÍVIDAS NÃO TRIBUTÁRIAS. CLÁUSULA DE RESERVA DE PLENÁRIO. NÃO INCIDÊNCIA NA ESPÉCIE.

1. A jurisprudência desta Corte é assente quanto à aplicabilidade do art. 2º, § 3º, da Lei n. 6.830-1980 (suspensão da prescrição por 180 dias por ocasião da inscrição em dívida ativa) somente às dívidas de natureza não tributária, devendo ser aplicado o art. 174 do CTN para as de natureza tributária.

2. Não se submete à observância da regra inserta no art. 97 da CF a questão que foi analisada sob o enfoque infraconstitucional e não houve, sequer implicitamente, a declaração de inconstitucionalidade de qualquer lei, mas sim a adequação desta ao caso concreto.

3. Agravo regimental não provido.[13]

---

[12] BRASIL. Superior Tribunal de Justiça. Primeira Turma. REsp nº 1.016.445/SP. Relator: ministro Francisco Falcão. Julgamento em 1º de agosto de 2009. DJe, 1º set. 2008.
[13] BRASIL. Superior Tribunal de Justiça. Segunda Turma. AgRg no Ag nº 1.054.618/SP. Relator: ministro Mauro Campbell Marques. Julgamento em 28 de outubro de 2008. DJe, 26 nov. 2008.

Assim, as hipóteses de suspensão do prazo prescricional são aquelas constantes do art. 174 do CTN, que será posteriormente analisado.

Qualquer valor cuja cobrança seja atribuída por lei à Fazenda Pública, ou seja, qualquer crédito que deva ser exigido em juízo por entidade fazendária, será considerado dívida ativa, tenha ou não natureza tributária. O STJ decidiu que os privilégios da Lei nº 6.830/1980 só cabem nos casos em que a dívida ativa tiver natureza tributária (crédito que goza de proteção especial – arts. 183 a 193 do CTN) ou decorra de um ato ou de um contrato administrativo típico, afastando, por tal razão, a viabilidade de execução fiscal em que se cobrava débito relativo à indenização por dano causado ao patrimônio do DNER em decorrência de acidente automobilístico (REsp nº 362.160/RS, de relatoria do ministro José Delgado, 2002).

Seguindo essa vertente, a Primeira Seção do STJ, em regime de julgamento de recurso repetitivo, decidiu não ser possível a inscrição em dívida ativa de verba recebida indevidamente a título de benefício previdenciário, por não haver lei específica autorizando (REsp nº 1.350.804/PR, de relatoria do ministro Mauro Campbell Marques, julgado em 12 de junho de 2013, INF/STJ nº 522).[14]

No mesmo sentido, no julgamento do REsp nº 800.405 AgRg, decidiu a Segunda Turma do STJ que a inscrição em dívida ativa não é o meio adequado para a cobrança de créditos provenientes exclusivamente de ilícitos civis extracontratuais não apurados previamente na via judicial, porque não há certeza da existência de relação jurídica a ensejar o crédito, nem sequer débito resultante de obrigação vencida e prevista em lei, regulamento ou contrato.

---

[14] O STJ exigiu do INSS a tarefa de promover ação de conhecimento condenatória para buscar o necessário ressarcimento, não se podendo valer da via executiva da LEF.

Já no caso de imposição de dever de ressarcimento a servidor público, a inscrição em dívida ativa (e cobrança via execução fiscal) é viável diante de expressa previsão legal.[15]

Garantia do juízo

Como já mencionado, o ajuizamento da execução fiscal se dá mediante petição cujos requisitos constam do art. 6º da LEF. Uma vez ajuizada e verificada sua regularidade, será prolatado despacho do juiz deferindo a inicial e determinando a citação do executado para, no prazo de cinco dias, pagar a dívida ou garantir o juízo, conforme o disposto no art. 8º da LEF.

Consoante o art. 9º da LEF, em garantia da execução, pelo valor da dívida, juros e multa de mora e encargos indicados na certidão de dívida ativa, o executado poderá adotar as seguintes providências:

> I - efetuar depósito em dinheiro, à ordem do Juízo em estabelecimento oficial de crédito, que assegure atualização monetária;
> II - oferecer fiança bancária ou seguro garantia;
> III - nomear bens à penhora, observada a ordem do artigo 11; ou
> IV - indicar à penhora bens oferecidos por terceiros e aceitos pela Fazenda Pública.

Depósito

O depósito não suscita maiores controvérsias. Trata-se da garantia do juízo mediante a efetivação de depósito em dinheiro

---

[15] Lei nº 8.112/1990: "Art. 47. O servidor em débito com o erário, que for demitido, exonerado ou que tiver sua aposentadoria ou disponibilidade cassada, terá o prazo de sessenta dias para quitar o débito. Parágrafo único. A não quitação do débito no prazo previsto *implicará sua inscrição em dívida ativa*" (grifo nosso).

à sua disposição. Uma vez efetuado o depósito integral (isto é, sem eventuais reduções para hipóteses de pagamento à vista, por exemplo), a instituição bancária depositária se responsabilizará pela correção dos valores (isto é, no caso de tributos federais, a instituição financeira é a Caixa Econômica Federal, que atualizará os valores pela Selic). Gera, portanto, a perda da disponibilidade do referido capital por parte do devedor, mas transfere à instituição depositária a obrigação de corrigi-lo e remunerá-lo, na forma dos arts. 9º, § 4º, e 32 da LEF.

Em regra, o depósito é uma faculdade do executado que pode ser exercida a qualquer tempo, não podendo ser indeferida pelo juízo.

Fiança bancária e seguro garantia

Já no caso da fiança, há igualmente uma relação com a instituição financeira, nesse caso, qualificada como fiadora. O contribuinte (afiançado) contrata – em benefício do autor da execução (beneficiário) –[16] a carta de fiança, que é emitida pela instituição financeira, a qual se responsabiliza por adimplir, em prazo determinado, o valor constante da carta, corrigido nos termos ali determinados. Como contrapartida, o contribuinte incorre periodicamente numa despesa financeira, que usualmente é percentual sobre o valor da carta de fiança. Trata-se de uma alternativa para que não haja a descapitalização do contribuinte em razão da efetivação do depósito.

A questão no âmbito da Procuradoria-Geral da Fazenda Nacional (PGFN) encontra-se regulada através da Portaria PGFN

---

[16] "I - A fiança bancária, como toda fiança, pressupõe três pessoas distintas: o credor, o devedor-afiançado e o banco-fiador. Não é juridicamente possível que uma pessoa (*in casu*, a Caixa Econômica Federal) seja simultaneamente devedora-afiançada e fiadora. II - Inteligência do art. 1.481 do CC e do art. 9º, II, da Lei nº 6.830/80" (BRASIL. Superior Tribunal de Justiça. Segunda Turma. REsp nº 62.198/SP. Relator: ministro Adhemar Maciel. Julgamento em 16 de maio de 1997. *DJ*, 9 jun. 1997).

nº 644, de 1º de abril de 2009, que, entre outros requisitos, exige que a fiança contenha cláusula de solidariedade, com renúncia ao benefício de ordem e declaração de que a garantia abrange o valor da dívida original, juros e demais encargos exigíveis, inclusive correção monetária, como indicado na CDA.

Assim, o banco fiador não poderá requerer benefício de ordem ou garantir apenas parte do débito indicado na CDA.

O entendimento atual da jurisprudência é o de que apenas excepcionalmente, provado o benefício ao devedor sem prejuízo ao credor (CPC/2015, art. 805), pode ser feita a substituição do depósito por fiança (e agora por seguro).

A referida Portaria PGFN nº 644/2009, da União federal, estabeleceu que "a carta de fiança bancária somente poderá ser aceita se sua apresentação ocorrer antes de depósito ou de decisão judicial que determine a penhora em dinheiro" (art. 3º). Trata-se de norma que não vincula a convicção do juiz à evidência.

Outra modalidade de garantia, que já era sustentada por muitos contribuintes, é o seguro garantia. Ele segue as características tradicionalmente exigidas para a aceitação da fiança bancária, mas é uma forma de caução mais barata e de fácil obtenção e que não afeta a linha de crédito bancário do tomador.

Até 2014 o entendimento do STJ era no sentido de não reconhecer o seguro garantia como uma forma de garantir a execução fiscal, pois o art. 9º da LEF não elencava essa modalidade em seu rol, conforme decisão a seguir:

> PROCESSUAL CIVIL E TRIBUTÁRIO. AGRAVO REGIMENTAL EM RECURSO ESPECIAL. EXECUÇÃO FISCAL. SEGURO GARANTIA. MODALIDADE NÃO PREVISTA NA LEF. PRINCÍPIO DA ESPECIALIDADE. ACÓRDÃO RECORRIDO EM DISSONÂNCIA COM A JURISPRUDÊNCIA DO STJ.

1. A jurisprudência deste STJ é firme no sentido da impossibilidade de uso da garantia ofertada, vez que não prevista do rol do art. 9º da Lei 6.830/80. Assim, em face do princípio da especialidade, não pode o seguro garantia ser objeto de indicação pelo devedor para assegurar execução fiscal. Precedentes: AgRg no AREsp 266.570/PA, Rel. Min. Herman Benjamin, Segunda Turma, DJe de 18/3/2013; AREsp 317.817/PE, Rel. Min. Benedito Gonçalves, Data de Publicação em 26/6/2013; AgRg no REsp 1.394.408/SP, Rel. Min. Napoleão Nunes Maia Filho, Primeira Turma, DJe de 5/11/2013.
2. Agravo regimental não provido.[17]

No entanto, em novembro de 2014, foi editada a Lei nº 13.043, que veio a emendar o art. 9º da LEF e incluiu o seguro garantia como modalidade de garantia da execução fiscal.

Diante dessa expressa definição legal, entende-se que o STJ não tem mais de se posicionar contrário à aceitação do seguro garantia como modalidade de garantia à execução. E acredita-se que a nova lei será aplicada nas próximas decisões e, inclusive, em decisões pretéritas, uma vez que essa alteração legal tem natureza meramente processual; logo pode ser aplicada imediatamente nas execuções em curso.

No âmbito federal, o seguro encontra previsão normativa na Portaria PGFN nº 164/2014, regulamentando o oferecimento e a aceitação do seguro garantia em execuções fiscais, sem a exigência dos 30% adicionais previstos no CPC (art. 848, parágrafo único, do CPC/2015), mas desde que sua apresentação ocorra antes de depósito ou da efetivação da constrição em dinheiro, decorrente de penhora, arresto ou outra medida judicial.

---

[17] BRASIL. Superior Tribunal de Justiça. Primeira Turma. AgRg no REsp nº 1.434.142/SP. Relator: ministro Benedito Gonçalves. Julgamento em 11 de março de 2014. *DJe*, 20 mar. 2014.

Destaca-se que o art. 16 da LEF menciona que os embargos serão oferecidos em 30 dias contados da juntada da prova da fiança bancária ou do seguro. O STJ, interpretando a questão de que a execução precisa estar garantida para possibilitar a oposição dos embargos, decidiu que o início do prazo para oferecimento destes ocorre da decisão que aceita a referida garantia com a formalização do termo de penhora, e não do mero protocolo da garantia nos autos pelo executado. Confira-se:

> TRIBUTÁRIO E PROCESSUAL CIVIL. AGRAVO REGIMENTAL EM RECURSO ESPECIAL. NEGATIVA DE PRESTAÇÃO JURISDICIONAL. NÃO CONFIGURAÇÃO. EMBARGOS À EXECUÇÃO FISCAL. GARANTIA POR MEIO DE FIANÇA BANCÁRIA. TERMO INICIAL. INTIMAÇÃO DO EXECUTADO.
> [...]
> 2. *O Superior Tribunal de Justiça possui compreensão no sentido de que o oferecimento de fiança bancária não dispensa a lavratura do termo de penhora e posterior intimação do executado acerca do ato, momento a partir do qual passará a fluir o prazo para oposição dos embargos.* Precedentes: AgRg no REsp 1.156.367/MG, Rel. Ministro Napoleão Nunes Maia Filho, Primeira Turma, julgado em 24/09/2013, DJe 22/10/2013; REsp 1.254.554/SC, Rel. Ministro Mauro Campbell Marques, Segunda Turma, julgado em 18/08/2011, DJe 25/08/2011; Resp 851.476/MG, Rel. Ministro Humberto Martins, Segunda Turma, julgado em 7/11/2006, DJ 24/11/2006, p. 280, REsp 621.855/PB, Rel. Ministro Fernando Gonçalves, Quarta Turma, julgado em 11/5/2004, DJ 31/5/2004, p. 324.[18]

---

[18] BRASIL. Superior Tribunal de Justiça. Primeira Turma. AgRg no REsp nº 1.043.521/MT. Relator: ministro Sérgio Kukina. Julgamento em 12 de novembro de 2013. *DJe*, 21 nov. 2013, grifo nosso.

Bens oferecidos à penhora

A principal finalidade do registro da penhora consiste, assim, na publicidade da medida, alertando a todos sobre a existência de um gravame indeclinável sobre o bem.

Feito o registro da penhora, não cabe a alegação de boa-fé de terceiro, se o bem vier a ser alienado ou gravado com ônus real.

Ato relevante no contexto da execução fiscal, pois marca o início do prazo para o oferecimento de embargos (art. 16 da LEF).

> Total pertinência tem a Súmula nº 12 do TRF da 4ª Região quando estabelece que "*na execução fiscal, quando a ciência da penhora for pessoal, o prazo para a oposição dos embargos do devedor inicia no dia seguinte ao da intimação deste*".[19]

Quando a garantia da execução se dá mediante penhora é que surge uma série de questões, fundamentalmente com relação à ordem de penhora fixada pelo art. 11 da LEF e à interpretação do art. 805 do CPC/2015. Isso porque, após a indicação do bem à penhora, a Fazenda Pública manifesta-se sobre o mesmo. Usualmente, a recusa dos bens pela Fazenda Pública decorre de razões relativas à iliquidez do bem, sua localização ou outras que eventualmente possam afetar seu interesse, buscando-se, via de regra, a observância da ordem do art. 11 da LEF.

Segundo lição de Mauro Luís Rocha Lopes:

> A regra do art. 11 da LEF, que estabelece gradação para fins de penhora (garantia da execução), deve ser obrigatoriamente observada pelo devedor ao efetuar a nomeação de que trata o art. 9º, III, do diploma legal em questão.

---

[19] BRASIL. Superior Tribunal de Justiça. Segunda Turma. REsp nº 200.351/RS. Relator: ministro Franciulli Netto. Julgamento em 9 de maio de 2000. *DJ*, 19 jun. 2000, grifo no original.

Outrossim, se o arresto for realizado com inobservância da referida gradação, não afastará a possibilidade de o devedor, devidamente citado, indicar outros bens à penhora, de acordo com a ordem prevista no dispositivo em exame.

Na hipótese de penhora realizada diretamente por oficial de justiça, quando, por exemplo, o executado não tenha efetuado a nomeação de bens, igualmente deve imperar a ordem do art. 11 da LEF, que se baseia no grau de liquidez dos bens ali arrolados, levando em consideração o interesse do credor e da justiça, ao visar à satisfação mais rápida do débito objeto da execução. Ensina José da Silva Pacheco que a graduação do art. 11 da Lei nº 6.830/1980, à semelhança da prevista no art. 655 do CPC, é regra cogente, de modo que, se se fizesse a penhora em contrário à ordem legal, ainda que por determinação do juiz, haver-se-ia de considerar como não feita.

Assim, deixar de lado a ordem do art. 11 da LEF é algo excepcional, somente aceitável quando as peculiaridades do caso concreto e o interesse das partes o recomendem.[20]

O STJ já teve a oportunidade de se manifestar numa série de precedentes nos quais foram analisadas hipóteses de penhora de títulos públicos, debêntures e obrigações ao portador,[21] semoventes,[22] estoques,[23] faturamento, entre outras situações. Vale destacar precedente da Primeira Turma do STJ em que ficam

---

[20] LOPES, Mauro Luís Rocha. *Processo judicial tributário*: execução fiscal e ações tributárias. 4. ed. Rio de Janeiro: Lumen Juris, 2007. p. 66.
[21] BRASIL. Superior Tribunal de Justiça. Primeira Seção. EREsp nº 933.048/RS. Relator: ministro Castro Meira. Julgamento em 12 de novembro de 2008. *DJe*, 24 nov. 2008.
[22] BRASIL. Superior Tribunal de Justiça. Primeira Turma. AgRg nos EDcl nos EDcl no AgRg no REsp nº 1.038.582/RS. Relator: ministro Francisco Falcão. Julgamento em 18 de novembro de 2008. *DJ*, 1º dez. 2008.
[23] BRASIL. Superior Tribunal de Justiça. Segunda Turma. REsp nº 450.454/RS. Relator: ministro João Otávio de Noronha. Julgamento em 18 de maio de 2006. *DJ*, 1º ago. 2006.

ilustradas as linhas gerais do entendimento prevalente no âmbito daquela Corte com relação ao assunto em análise.

> PROCESSUAL CIVIL. RECURSO ESPECIAL. SUPOSTA OFENSA AO ART. 165 DO CPC. NÃO OCORRÊNCIA. TRIBUTÁRIO. EXECUÇÃO FISCAL. PENHORA SOBRE ALGUMAS MERCADORIAS EM ESTOQUE. AUSÊNCIA DE NOMEAÇÃO DE ADMINISTRADOR JUDICIAL. CIRCUNSTÂNCIA QUE NÃO IMPLICA OFENSA AO ART. 677 DO CPC. ALEGADA AFRONTA AO ART. 620 DO CPC. REEXAME DE PROVA.
> 1. Não viola o art. 165 do CPC a decisão que contém fundamentação adequada, ainda que concisa.
> 2. A orientação prevalente nesta Corte é no sentido de que a penhora (ou eventual substituição de bens penhorados) deve ser efetuada conforme a ordem legal, prevista no art. 655 do CPC e no art. 11 da Lei 6.830/80 (execução fiscal). Desse modo, "a execução deve ser feita no interesse do credor", de modo que, "havendo recusa deste em proceder à substituição da penhora e achando-se esta fundada na ordem legal prevista no CPC, deve ser acatada" (EREsp 881.014-RS, 1ª Seção, Relator: Ministro Castro Meira, In: DJ, de 17 de março de 2008).
> 3. Nos termos do art. 620 do CPC, "quando por vários meios o credor puder promover a execução, o juiz mandará que se faça pelo modo menos gravoso para o devedor". Ressalte-se que a observância da ordem legal, por si só, não implica maior onerosidade ao devedor. Não obstante tal assertiva, é legítima a mitigação da ordem legal, excepcionalmente, em face das peculiaridades do caso concreto. Contudo, a constatação acerca do cabimento ou não de flexibilização da ordem legal, bem como dos meios pelos quais a execução pode ser promovida de modo menos gravoso ao devedor, situa-se no âmbito da cognição de matéria fática, o que é inviável em sede de recurso

especial, tendo em vista a circunstância obstativa decorrente do disposto na Súmula 7/STJ.
[...].[24]

Uma inovação da Lei Complementar nº 118/2005 foi a inserção do art. 185-A no CTN, o qual dispõe que, na hipótese de não serem encontrados bens penhoráveis, o juiz determinará a indisponibilidade dos bens do devedor, comunicando essa decisão aos órgãos e entidades mencionados em seu *caput*. Tal comunicação tem o condão de cientificar os referidos órgãos e entidades, os quais deverão comunicar ao juízo a relação dos bens e direitos cuja indisponibilidade houver promovido, e veio a ser denominada "penhora *on-line*".

Diante desta previsão, os interesses do credor restam resguardados em virtude da maior possibilidade de identificação de bens penhoráveis devido a esse expediente. Entretanto, esse novo artigo é objeto de críticas em virtude da generalidade da ordem, que atinge todo o universo econômico-financeiro do executado, e dos aspectos relativos ao sigilo bancário do executado.[25]

Assim, as orientações gerais seriam no sentido de que: (1) a execução é feita no interesse do credor, e a penhora, via de regra, deve ser feita observando-se a ordem prevista no art. 11 da LEF; e (2) a referida ordem legal pode excepcionalmente ser flexibilizada, em vista do disposto no art. 805 do CPC/2015, em face das peculiaridades do caso concreto.

---

[24] BRASIL. Superior Tribunal de Justiça. Primeira Turma. REsp nº 736.358/SC. Relatora: ministra Denise Arruda. Julgamento em 8 de abril de 2008. *DJe*, 28 abr. 2008.
[25] Críticas à denominação em: MARINS, James. *Direito processual tributário brasileiro*. 4. ed. São Paulo: Dialética, 2005. p. 662-666. Em sentido contrário: GONÇALVES, Eduardo Luz. A penhora on-line no âmbito do processo de execução fiscal. *Revista Dialética de Direito Tributário*, São Paulo, n. 148, p. 23-35, jan. 2008.

Vale destacar, entretanto, que recentemente o STJ, baseado em recurso repetitivo, entendeu que não há necessidade de a Fazenda exequente esgotar as hipóteses do art. 11 da LEF para prosseguir com a penhora *on-line* das contas do devedor:

> TRIBUTÁRIO. EXECUÇÃO FISCAL. PENHORA. OFERECIMENTO DE IMÓVEL. RECUSA FUNDADA NA INOBSERVÂNCIA DA ORDEM LEGAL. POSSIBILIDADE. PENHORA *ON LINE*. BACEN JUD. REGIME DA LEI 11.382/2006. POSSIBILIDADE INDEPENDENTEMENTE DA EXISTÊNCIA DE OUTROS BENS PASSÍVEIS DE PENHORA.
> 1. O dinheiro, por conferir maior liquidez ao processo executivo, ocupa o primeiro lugar na ordem de preferência estabelecida no art. 11 da Lei 6.830/1980 (Lei de Execução Fiscal) e no art. 655 do Código de Processo Civil.
> 2. A Fazenda Pública não é obrigada a aceitar bens nomeados à penhora fora da ordem legal prevista no art. 11 da Lei de Execução Fiscal, uma vez que, não obstante o princípio da menor onerosidade ao devedor, a execução é feita no interesse do credor, como dispõe o art. 612 do Código de Processo Civil.
> 3. A Corte Especial, ao apreciar o REsp 1.112.943-MA, Relator: Ministro Nancy Andrighi. Julgado em 15 de setembro de 2010, In: DJ, de 23 de novembro de 2010 pela sistemática prevista no art. 543-C do CPC e na Resolução 8/2008 do STJ, confirmou a orientação no sentido de que, no regime da Lei n. 11.382/2006, não há mais necessidade do prévio esgotamento das diligências para localização de bens do devedor para que seja efetivada a penhora *on line*.
> Agravo regimental improvido."[26]

---

[26] BRASIL. Superior Tribunal de Justiça. Segunda Turma. AgRg no REsp nº 1.287.437/MG.. Relator: ministro Humberto Martins. Julgamento em 2 de fevereiro de 2012. *DJe*, 9 fev. 2012.

PROCESSUAL CIVIL. RECURSO ESPECIAL. EXECUÇÃO CIVIL. PENHORA. ART. 655-A DO CPC. SISTEMA BACEN-JUD. ADVENTO DA LEI Nº 11.382/2006. INCIDENTE DE PROCESSO REPETITIVO.

I - JULGAMENTO DAS QUESTÕES IDÊNTICAS QUE CARACTERIZAM A MULTIPLICIDADE. ORIENTAÇÃO – PENHORA ON LINE.

a) A penhora *on line*, antes da entrada em vigor da Lei nº 11.382/2006, configura-se como medida excepcional, cuja efetivação está condicionada à comprovação de que o credor tenha tomado todas as diligências no sentido de localizar bens livres e desembaraçados de titularidade do devedor.

b) Após o advento da Lei nº 11.382/2006, o Juiz, ao decidir acerca da realização da penhora *on line*, não pode mais exigir a prova, por parte do credor, de exaurimento de vias extrajudiciais na busca de bens a serem penhorados.

II - JULGAMENTO DO RECURSO REPRESENTATIVO

– Trata-se de ação monitória, ajuizada pela recorrente, alegando, para tanto, titularizar determinado crédito documentado por contrato de adesão ao "Crédito Direto Caixa", produto oferecido pela instituição bancária para concessão de empréstimos. A recorrida, citada por meio de edital, não apresentou embargos, nem ofereceu bens à penhora, de modo que o Juiz de Direito determinou a conversão do mandado inicial em título executivo, diante do que dispõe o art. 1.102-C do CPC.

– O Juiz de Direito da 6ª Vara Federal de São Luiz indeferiu o pedido de *penhora on line*, decisão que foi mantida pelo TJ/MA ao julgar o agravo regimental em agravo de instrumento, sob o fundamento de que, para a efetivação da penhora eletrônica, deve o credor comprovar que esgotou as tentativas para localização de outros bens do devedor.

– Na espécie, a decisão interlocutória de primeira instância que indeferiu a medida constritiva pelo sistema Bacen-Jud,

deu-se em 29.05.2007 (fl. 57), ou seja, depois do advento da Lei nº 11.382/2006, de 06 de dezembro de 2006, que alterou o CPC quando incluiu os depósitos e aplicações em instituições financeiras como bens preferenciais na ordem da penhora como se fossem dinheiro em espécie (art. 655, I) e admitiu que a constrição se realizasse preferencialmente por meio eletrônico (art. 655-A).
RECURSO ESPECIAL PROVIDO.[27]

Ademais, alguns tribunais têm adotado orientação especialmente severa no que se refere à interpretação dos ditos dispositivos para autorizar em diversos precedentes a penhora de numerários em conta bancária e até mesmo sobre o faturamento diário das empresas, tendo sido observado, em vários precedentes, o percentual de 5% como razoável.

Com a pacificação da possibilidade de penhora do faturamento no âmbito do STJ, a discussão, em geral, intensifica-se com relação ao percentual a ser estabelecido. Essa aferição merece ponderações de natureza econômico-financeira, podendo ser avaliada a condição excepcional demandada jurisprudencialmente para a aplicação do art. 805 do CPC/2015, considerando-se individualmente o ramo da atividade econômica na qual opera o contribuinte, seus índices de liquidez e endividamento, entre outros indicadores. Isso porque uma constrição patrimonial de percentual do faturamento pode afetar a continuidade da empresa em vista de determinadas circunstâncias concretas, as quais, salvo melhor juízo, poderiam recomendar a flexibilização da ordem legal ou redução do percentual fixado. Essa preocupação é bem refletida no seguinte precedente do STJ:

---

[27] BRASIL. Superior Tribunal de Justiça. Corte Especial. REsp nº 1.112.943/MA. Relatora: ministra Nancy Andrighi. Julgamento em 15 de setembro de 2010. *DJe*, 23 nov. 2010.

PROCESSUAL CIVIL E TRIBUTÁRIO. AGRAVO REGIMENTAL NO AGRAVO DE INSTRUMENTO. EXECUÇÃO FISCAL. PENHORA SOBRE O FATURAMENTO. FIXAÇÃO EM PERCENTUAL EXCESSIVO (30%). DECISÃO NÃO RAZOÁVEL. REDUÇÃO PARA PERCENTUAL MÓDICO (5%). PRECEDENTES.
1. A penhora sobre o faturamento, admitida excepcionalmente, deve observar o princípio da proporcionalidade, a fim de não permitir o arbitramento de percentual de desconto que inviabilize as atividades da empresa.
2. Na espécie, não é necessário reexaminar o conjunto fático-probatório para se constatar que o percentual arbitrado em 30% revela-se excessivo, devendo, portanto, ser reduzido para o patamar módico de 5%, parâmetro esse já adotado por esta Corte em outros precedentes da Primeira Turma: AgRg no REsp 996.715-SP, Relatora: Ministra Denise Arruda, Primeira Turma. In: DJe, de 06 de abril de 2009; REsp 1.137.216-SP, Relator: Ministro Luiz Fux, Primeira Turma, In: DJe, de 18 de novembro de 2009; AgRg no REsp 503.780-SP, Relator: Ministro Luiz Fux, Primeira Turma, In: DJ, de 29 de setembro de 2003.
3. Agravo regimental não provido.[28]

Caso o executado não efetue o pagamento ou garanta o juízo nos termos do referido art. 9º no prazo determinado, a penhora poderá recair em qualquer bem do executado, exceto os que a lei declare absolutamente impenhoráveis, consoante expressa previsão do art. 10 da LEF.

Para viabilizar a penhora em dinheiro, tem sido comum a utilização da chamada penhora *on-line*, que consiste em medida através da qual o juiz acessa por senha o sistema informatizado

---

[28] BRASIL. Superior Tribunal de Justiça. Primeira Turma. AgRg no Ag nº 1.180.367/SP. Relator: ministro Benedito Gonçalves. Julgamento em 21 de junho de 2011. *DJe*, 30 jun. 2011.

do Banco Central (Bacen-Jud) e torna indisponíveis os depósitos bancários do executado até o limite do valor do débito a garantir.

A alegação, pelo devedor, do princípio da menor onerosidade (art. 805 do CPC/2015), não pode ser aceita genericamente, devendo haver comprovação de que, no caso específico, a penhora *on-line* pode causar graves prejuízos, com indicação de alternativa que viabilize a satisfação do direito do credor.

A penhora sobre dinheiro converte-se em depósito, a teor do disposto na LEF, art. 11, § 2º.

Interessante questão surgiu da análise da hipótese de o executado não dispor de bens livres e desembaraçados para a garantia integral do juízo, hipótese na qual seus bens seriam suficientes à garantia parcial da execução.

A controvérsia gira em torno da interpretação do art. 16, § 1º, da LEF, segundo o qual somente são admissíveis os embargos após a garantia da execução. Para alguns, a execução garantida parcialmente não atenderia ao requisito imposto pelo referido artigo, enquanto, para outros, impor um óbice à oposição dos embargos nessa situação afrontaria o princípio da ampla defesa e do acesso à Justiça. Em decisão do STJ, pode ser notada uma flexibilização da interpretação do art. 16, § 1º, da LEF, para se admitir a penhora parcial:

> EXECUÇÃO FISCAL – PENHORA PARCIAL – INTERPRETAÇÃO DOS ARTS. 40 E 16, § 1º, DA LEF – AUSÊNCIA DE GARANTIA DO JUÍZO PARA EMBARGAR – INCIDÊNCIA DA SÚM. 7/STJ.
>
> 1. Ao interpretar o art. 16, § 1º, da LEF, a jurisprudência evoluiu para entender que, se a penhora for parcial e o juiz não determinar o reforço, ou, se determinado, a parte não dispuser de bens livres e desembaraçados, aceita-se a defesa via embargos, para que não se tire do executado a única possibilidade de defesa.
>
> 2. Hipótese que se difere da ausência de garantia do juízo.

3. Para se chegar à conclusão contrária a que chegou o Tribunal *a quo*, de que inexiste garantia do juízo, faz-se necessário incursionar no contexto fático-probatório da demanda, o que é inviável em sede de recurso especial (Súmula 7/STJ).
4. Recurso especial não conhecido.[29]

Os bens que a lei declare absolutamente impenhoráveis não poderão ser penhorados em execução fiscal (como, de resto, em qualquer execução). O CPC/2015, art. 833 (rol de bens absolutamente impenhoráveis), nos seus incisos II a XI, os elenca. A Lei nº 8.009/1990 (art. 1º) estabelece que o imóvel residencial próprio do casal, ou da entidade familiar, é absolutamente impenhorável também na execução fiscal.

Há vozes, na doutrina e jurisprudência, que sustentam que, como as normas acerca da impenhorabilidade tutelam interesses privados, seria lícito ao executado nomear bem impenhorável, renunciando tacitamente ao benefício legal.

A jurisprudência tem se inclinado no sentido de que a penhora de bem considerado absolutamente impenhorável gera nulidade absoluta, que deve ser conhecida de ofício pelo juiz.[30]

---

[29] BRASIL. Superior Tribunal de Justiça. Segunda Turma. REsp nº 995.706/CE. Relatora: ministra Eliana Calmon. Julgamento em 5 de agosto de 2008. *DJe*, 1º set. 2008.

[30] "3. Inobstante a indicação do bem pelo próprio devedor, não há que se falar em renúncia ao benefício de impenhorabilidade absoluta, constante do artigo 649 do CPC. A *ratio essendi* do artigo 649 do CPC decorre da necessidade de proteção a certos valores universais considerados de maior importância, quais sejam o Direito à vida, ao trabalho, à sobrevivência, à proteção à família. Trata-se de defesa de direito fundamental da pessoa humana, insculpida em norma infraconstitucional. 4. Há que ser reconhecida nulidade absoluta da penhora quando esta recai sobre bens absolutamente impenhoráveis. Cuida-se de matéria de ordem pública, cabendo ao magistrado, de ofício, resguardar o comando insculpido no artigo 649 do CPC. Tratando-se de norma cogente que contém princípio de ordem pública, sua inobservância gera nulidade absoluta consoante a jurisprudência assente neste STJ" (BRASIL. Superior Tribunal de Justiça. Segunda Turma. REsp nº 864.962/RS. Relator: ministro Mauro Campbell Marques. Julgamento em 4 de fevereiro de 2010. *DJe*, 18 fev. 2010).

Suspensão da execução fiscal

Quando o devedor, citado, deixa de oferecer garantia ao débito no prazo legal e o oficial de justiça não logra realizar a chamada penhora coercitiva de que trata o comentado art. 10 da LEF – em razão da não localização de bens passíveis de constrição – bem como a "penhora *on-line*" se revela infrutífera, o procedimento da execução fiscal fica suspenso e, com o passar do tempo, o juiz pode reconhecer e decretar a prescrição intercorrente (art. 40 da LEF). Ocorre a denominada pela doutrina "crise do procedimento".

> Art. 40. O Juiz suspenderá o curso da execução, enquanto não for localizado o devedor ou encontrados bens sobre os quais possa recair a penhora, e, nesses casos, não correrá o prazo de prescrição.
> § 1º. Suspenso o curso da execução, será aberta vista dos autos ao representante judicial da Fazenda Pública.
> § 2º. Decorrido o prazo máximo de 1 (um) ano, sem que seja localizado o devedor ou encontrados bens penhoráveis, o Juiz ordenará o arquivamento dos autos.
> § 3º. Encontrados que sejam, a qualquer tempo, o devedor ou os bens, serão desarquivados os autos para prosseguimento da execução.
> § 4º. Se da decisão que ordenar o arquivamento tiver decorrido o prazo prescricional, o juiz, depois de ouvida a Fazenda Pública, poderá, de ofício, reconhecer a prescrição intercorrente e decretá-la de imediato. (Incluído pela Lei nº 11.051, de 2004)

Em virtude do disposto nesse artigo, a execução será suspensa pelo prazo de um ano, antes de ser encaminhada ao arquivo, quando não for localizado o devedor ou encontrados bens sobre os quais possa recair a penhora.

Ao estatuir, no § 1º do art. 40 da LEF, que "suspenso o curso da execução, será aberta vista dos autos ao representante judicial da Fazenda Pública", o legislador quis, de fato, imputar à própria exequente a obrigação de diligenciar na busca do patrimônio do devedor apto a ser sacrificado no executivo fiscal.

O arquivamento será provisório, pois encontrados bens passíveis de penhora, os autos serão desarquivados para prosseguimento da execução (art. 40, § 3º), desde que não operada a prescrição intercorrente (art. 40, § 4º).

Ainda que o juiz não determine expressamente o arquivamento dos autos, uma vez expirado o prazo de um ano de suspensão por falta de bens penhoráveis, inicia-se a fluência da prescrição intercorrente.

Reiterou o STJ que "o prazo da prescrição intercorrente se inicia após um ano da suspensão da execução fiscal quando não localizados bens penhoráveis do devedor, conforme dispõe a Súmula nº 314, de modo que *o arquivamento do feito se opera de forma automática após o transcurso de um ano*", com o complemento de que "a eventual inexistência de despacho de arquivamento, por si só, não impede o reconhecimento da prescrição intercorrente" (AgRg no REsp nº 1.298.131/MS, de relatoria do ministro Mauro Campbell Marques, 2012, grifo no original).

Outra orientação jurisprudencial relevante é a de que "Os requerimentos para realização de diligências que se mostraram infrutíferas em localizar o devedor ou seus bens não têm o condão de suspender ou interromper o prazo de prescrição intercorrente" (AgRg no REsp nº 1.208.833/MG, com relatoria do ministro Castro Meira, 2012).

Do contrário, estaríamos atribuindo ao representante judicial da Fazenda exequente o poder de impedir a consumação da prescrição através da apresentação de petição que em nada contribuísse para a retomada da marcha processual.

Prazo prescricional na execução fiscal

Questão conexa à da suspensão da execução é a do prazo prescricional em sede de execução fiscal, em especial com relação à prescrição intercorrente, sendo de cinco anos o prazo de que o exequente dispõe para exercer regularmente seu direito de ação, consoante o disposto no art. 174 do CTN.

A prescrição pode ocorrer com relação ao período entre a constituição definitiva do crédito tributário e o ajuizamento da ação executiva ou em virtude de inércia no curso do processo, hipótese em que é denominada "prescrição intercorrente". Sobre a prescrição intercorrente transcreve-se, ilustrativamente, o seguinte precedente:

> TRIBUTÁRIO – AGRAVO REGIMENTAL EM AGRAVO DE INSTRUMENTO – EXECUÇÃO FISCAL – PRESCRIÇÃO INTERCORRENTE – LEI DE EXECUÇÕES FISCAIS – CÓDIGO TRIBUTÁRIO NACIONAL – PREVALÊNCIA DAS DISPOSIÇÕES RECEPCIONADAS COM STATUS DE LEI COMPLEMENTAR.
> 1. O artigo 40 da Lei de Execução Fiscal deve ser interpretado harmonicamente com o disposto no artigo 174 do CTN, que deve prevalecer em caso de colidência entre as referidas leis. Isto porque é *princípio* de Direito Público que a *prescrição* e a *decadência* tributárias são matérias reservadas à lei complementar, segundo prescreve o artigo 146, III, "b" da CF.
> 2. Após o decurso de determinado tempo, sem promoção da parte interessada, deve-se estabilizar o conflito, pela via da *prescrição*, impondo segurança jurídica aos litigantes, uma vez que *afronta os princípios informadores do sistema tributário a prescrição indefinida*.
> 3. Paralisado o processo por mais de 5 (cinco) anos impõe-se o reconhecimento da prescrição.

4. Precedentes: REsp 188963-SP. Primeira Turma. Relator: Ministro Milton Luiz Pereira. In: DJ, de 11 de março de 2002; REsp 255.118-RS. Primeira Turma. Relator: Ministro Garcia Vieira. In: DJ, de 14 de agosto de 2000; REsp 123.392-SP. Segunda Turma. Relatora: Ministra Eliana Calmon. In: DJ, de 01 de agosto de 2000; AgRg no Ag 966.656-MG. Primeira Turma. Relator: Ministro José Delgado. Julgado em 08 de abril de 2008. In: DJe, de 24 de abril de 2008; REsp 754.309-MG. Primeira Turma. Relator: Ministro Teori Albino Zavascki. Julgado em 16 de setembro de 2008. In: DJe, de 22 de setembro de 2008. 5. Agravo regimental desprovido.[31]

A respeito desse assunto o STJ já possui entendimento sumulado no verbete da Súmula nº 314/STJ: "Em execução fiscal, não localizados bens penhoráveis, suspende-se o processo por um ano, findo o qual se inicia o prazo da prescrição quinquenal intercorrente".

Idêntico é o prazo prescricional para o ajuizamento da ação executiva, o qual consta do art. 174 do CTN, assim como as hipóteses de interrupção da prescrição:

> Art. 174. A ação para a cobrança do crédito tributário prescreve em cinco anos, contados da data da sua constituição definitiva.
> Parágrafo único. A prescrição se interrompe:
> I - pelo despacho do juiz que ordenar a citação em execução fiscal; (Redação dada pela Lcp nº 118, de 2005)
> II - pelo protesto judicial;
> III - por qualquer ato judicial que constitua em mora o devedor;
> IV - por qualquer ato inequívoco, ainda que extrajudicial, que importe em reconhecimento do débito pelo devedor.

---

[31] BRASIL. Superior Tribunal de Justiça. Primeira Turma. AgRg no Ag nº 1.031.248/SP. Relator: ministro Luiz Fux. Julgamento em 25 de novembro de 2008. *DJe*, 17 dez. 2008, grifos nossos.

Como se vê, o inciso I do artigo transcrito sofreu alteração promovida pela Lei Complementar nº 118/2005 para considerar que o simples despacho ordenando a citação, e não a própria citação, também interrompe o prazo prescricional. Sobre essa alteração, o STJ já se manifestou em diversos precedentes, no sentido de que a interrupção é aplicável aos despachos ocorridos após a vigência da lei complementar:

> PROCESSUAL CIVIL E TRIBUTÁRIO. RECURSO ESPECIAL. EXECUÇÃO FISCAL. IPTU. PRESCRIÇÃO INTERCORRENTE. INTERRUPÇÃO DO PRAZO PRESCRICIONAL PELO DESPACHO DO JUIZ QUE DETERMINA A CITAÇÃO. ART. 174 DO CTN ALTERADO PELA LC 118/2005. APLICAÇÃO IMEDIATA AOS PROCESSOS EM CURSO. EXCEÇÃO AOS DESPACHOS PROFERIDOS ANTES DA VIGÊNCIA DA LEI. DEMORA NA CITAÇÃO. INÉRCIA DA EXEQUENTE. PRESCRIÇÃO CARACTERIZADA. IMPOSSIBILIDADE DE REEXAME. SÚMULA 7/STJ.
> 1. A jurisprudência desta Corte pacificara-se no sentido de não admitir a interrupção da contagem do prazo prescricional pelo mero despacho que determina a citação, porquanto a aplicação do art. 8º, § 2º, da Lei 6.830/1980 se sujeitava aos limites impostos pelo art. 174 do CTN. Contudo, com o advento da Lei Complementar 118, de 9 de fevereiro de 2005, que alterou o art. 174 do CTN, foi atribuído ao despacho do juiz que ordenar a citação o efeito interruptivo da prescrição.
> 2. Por se tratar de norma de cunho processual, a alteração consubstanciada pela Lei Complementar 118, de 9 de fevereiro de 2005, ao art. 174 do CTN deve ser aplicada imediatamente aos processos em curso, razão pela qual a data da propositura da ação poderá ser-lhe anterior.
> 3. Entretanto, deve-se ressaltar que, nessas hipóteses, a data do despacho que ordenar a citação deve ser posterior à vigência da lei em questão, sob pena de retroação. Precedentes.

4. Verificando-se que a ausência de citação do executado se deu não por falha do Judiciário, mas em decorrência da inércia da própria recorrente, imperioso o reconhecimento da prescrição intercorrente.
5. Revisar a conclusão da Corte de origem demandaria reexame do conteúdo probatório existente nos autos, hipótese que esbarra no óbice da Súmula n. 7/STJ.
6. Recurso especial não provido.[32]

Relembre-se que, embora a prescrição intercorrente, na execução fiscal, possa ser reconhecida de ofício pelo juiz – ou seja, independentemente de provocação do interessado –, deve o magistrado ouvir previamente a Fazenda exequente, na forma exigida pelo § 4º do art. 40 da LEF.

Nos casos de extinção do processo de execução fiscal em razão da pronúncia de prescrição intercorrente sem que a Fazenda tenha sido chamada a se manifestar previamente, o STJ vinha proclamando a nulidade da sentença, ainda quando, nas razões do recurso da exequente, esta não apontava eventual causa suspensiva ou interruptiva do correlato prazo (REsp nº 963.317/RS, de relatoria da ministra Eliana Calmon, 2008). A jurisprudência parece ter sido modificada, pois em decisão posterior a Corte Superior indicou que "não havendo prejuízo demonstrado pela Fazenda Pública em apelação, não há que se falar em nulidade, tampouco cerceamento de defesa, em homenagem aos Princípios da Celeridade Processual e Instrumentalidade das Formas" (AgRg no REsp nº 1.247.737/BA, de relatoria do ministro Humberto Martins, 2011).

---

[32] BRASIL. Superior Tribunal de Justiça. Primeira Turma. REsp nº 1.073.537/PE. Primeira Turma. Relator: ministro Benedito Gonçalves. Julgamento em 18 de novembro de 2008. *DJe*, 26 nov. 2008.

Fraude à execução

Ainda com relação às alterações promovidas pela Lei Complementar nº 118/2005, é importante destacar a modificação do termo *a quo* a ser considerado para a configuração da fraude à execução no processo de execução fiscal. Anteriormente à vigência da lei complementar em comento, a presunção de fraude somente ocorria após a citação do executado nos autos do processo executivo. Assim, caso a alienação de bens ocorresse após a citação, prejudicando a satisfação da pretensão do credor, presumia-se a ocorrência da fraude à execução. Justamente nesse sentido, consolidou-se a jurisprudência do STJ.

Com a alteração promovida, o marco temporal para a presunção passou a ser a inscrição do débito em dívida ativa, *verbis*:

> Art. 185. Presume-se fraudulenta a alienação ou oneração de bens ou rendas, ou seu começo, por sujeito passivo em débito para com a Fazenda Pública, por crédito tributário regularmente inscrito como dívida ativa.
>
> Parágrafo único. O disposto neste artigo não se aplica na hipótese de terem sido reservados, pelo devedor, bens ou rendas suficientes ao total pagamento da dívida inscrita.

Com essa alteração, o legislador objetivou ampliar as hipóteses de suscitação de fraude à execução, tendo em vista que a inscrição do débito em dívida ativa ocorre em momento anterior ao da citação. Por outro lado, essa previsão impõe um dever de diligência ao adquirente na medida em que se espera que seja acompanhada a situação do alienante junto à dívida ativa.[33]

---

[33] Sobre a questão, ver os comentários de HOLLIDAY, Gustavo Calmon. A fraude de execução fiscal após a nova redação do art. 185 do CTN. *Revista Dialética de Direito Tributário*, São Paulo, n. 143, p. 38-47, ago. 2007.

Sobre a questão, é pertinente a transcrição de precedente do STJ que, em consonância com a jurisprudência firmada naquele tribunal, analisa as alterações promovidas pela lei complementar, bem como o período a partir do qual é aplicável esse novo entendimento.

> PROCESSUAL. RECURSO ESPECIAL. DISSÍDIO NÃO DEMONSTRADO. NÃO CONHECIMENTO. TRIBUTÁRIO. EXECUÇÃO FISCAL. FRAUDE À EXECUÇÃO. BEM ALIENADO APÓS A CITAÇÃO VÁLIDA E ANTES DO REGISTRO DA PENHORA. HIPÓTESES DE CARACTERIZAÇÃO DE FRAUDE À EXECUÇÃO. OCORRÊNCIA. INTELIGÊNCIA DO ART. 185 DO CTN E LEI COMPLEMENTAR N. 118/2005.
>
> 1. A mera colagem de ementas não supre a demonstração do dissídio jurisprudencial. Nas razões de recurso especial, a alegada divergência deverá ser demonstrada nos moldes exigidos pelo artigo 255 e parágrafos do RI/STJ.
>
> 2. Na redação anterior do art. 185 do CTN, exigia-se apenas a citação válida em processo de execução fiscal prévia à alienação para caracterizar a presunção relativa de fraude à execução em que incorriam o alienante e o adquirente (regra aplicável às alienações ocorridas até 08.06.2005).
>
> 3. Na redação atual do art. 185 do CTN, exige-se apenas a inscrição em dívida ativa prévia à alienação para caracterizar a presunção relativa de fraude à execução em que incorrem o alienante e o adquirente (regra aplicável às alienações ocorridas após 09.06.2005).
>
> 4. A averbação no registro próprio da certidão de inscrição em dívida ativa, ou da certidão comprobatória do ajuizamento da execução, ou da penhora cria a presunção absoluta de que a alienação posterior se dá em fraude à execução em que incorrem o alienante e o adquirente.

5. A presunção relativa de fraude à execução pode ser invertida pelo adquirente se demonstrar que agiu com boa-fé na aquisição do bem, apresentando as certidões de tributos federais e aquelas pertinentes ao local onde registrado o bem e onde tinha residência o alienante ao tempo da alienação, em analogia às certidões exigidas pela Lei n. 7.433/1985, e demonstrando que, mesmo de posse de tais certidões, não lhe era possível ter conhecimento da existência da execução fiscal (caso de alienação ocorrida até 08.06.2005), ou da inscrição em dívida ativa (caso de alienação ocorrida após 09.06.2005).

6. Invertida a presunção relativa de fraude à execução, cabe ao credor demonstrar o *consilium fraudis*, a culpa ou a má-fé.

7. A incidência da norma de fraude à execução pode ser afastada pelo devedor ou pelo adquirente se demonstrado que foram reservados pelo devedor bens ou rendas suficientes ao total pagamento da dívida, ou que a citação não foi válida (para alienações ocorridas até 08.06.2005), ou que a alienação se deu antes da citação (para alienações ocorridas até 08.06.2005), ou que a alienação se deu antes da inscrição em dívida ativa (para alienações posteriores a 09.06.2005).

8. Hipótese em que a alienação se deu antes de 09.06.2005 e após a citação válida, presumindo-se a ocorrência de fraude à execução.

9. Recurso especial parcialmente conhecido e, nessa parte, não provido.[34]

Registre-se que, posteriormente às alterações empreendidas pela Lei Complementar nº 118/2005, o STJ editou a Súmula nº 375 (*DJe*, 30 mar. 2009), segundo a qual "o reconhecimento

---

[34] BRASIL. Superior Tribunal de Justiça. Segunda Turma. REsp nº 751.481/RS. Relator: ministro Mauro Campbell Marques. Julgamento em 25 de novembro de 2008. *DJe*, 17 dez. 2008.

da fraude à execução depende do registro da penhora do bem alienado ou da prova de má-fé do terceiro adquirente".

Vistos os aspectos gerais mais relevantes do ajuizamento do processo executivo fiscal, ressalta-se que a análise dos instrumentos de defesa de que dispõe o executado para se opor à pretensão manifestada no processo executivo será estudada, especificamente, em outro capítulo.

Questões de automonitoramento

1) Após ler este capítulo, você é capaz de resumir o caso gerador do capítulo 4, identificando os problemas atinentes e as soluções cabíveis para os diferentes cenários?
2) A Fazenda Pública tem a prerrogativa de substituir a qualquer tempo a CDA?
3) Qual o prazo que a Fazenda Pública possui para ajuizar a execução fiscal?
4) Discorra acerca do rol das garantias à execução fiscal em face do art. 805 do CPC/2015.
5) Em sede de execução fiscal, se o devedor tributário, devidamente citado, não pagar nem apresentar bens à penhora no prazo legal e não forem encontrados bens penhoráveis, como deverá o juiz prosseguir? Quando se configurará a prescrição intercorrente?

2

Execução fiscal: defesas do contribuinte. Embargos, exceção

Roteiro de estudo

Breve apresentação do tema

Embora o foco do processo executivo seja a satisfação dos interesses do credor, a Constituição da República (CRFB/1988) apresenta garantias ao devedor, tais como ampla defesa, acesso à Justiça e o devido processo legal.

No âmbito da execução fiscal, existem dois meios de defesa que serão adiante estudados: a exceção de pré-executividade (criada pela doutrina, não precisa de garantia do juízo, não suspende o curso da execução fiscal e não permite dilação probatória) e os embargos à execução fiscal (previstos em lei, o juízo deve estar garantido, podem suspender a execução fiscal e é possível a dilação probatória).

A seguir, serão estudadas ambas as formas de defesa, bem como a ação cautelar ajuizada pelos contribuintes para garantir seu direito à expedição de certidão positiva com efeitos de negativa antes do ajuizamento da execução fiscal.

Exceção de pré-executividade

A exceção de pré-executividade, também chamada de objeção de pré-executividade, é um incidente processual construído doutrinária e jurisprudencialmente. Trata-se de um meio de defesa do executado que independe de prévia garantia do juízo.

Segundo lição de James Marins, "admite-se defesa via exceção de pré-executividade nas execuções em que o devedor insurja-se contra a legitimidade do título executivo ou dos requisitos à execução antes de garantido o juízo".[35] O autor ainda defende o uso da exceção de pré-executividade nas situações em que se discuta

> a própria legitimidade da execução, seja por questionar os requisitos da execução, seja por questionar a validade do título. [...] Não vinga o argumento de que a única forma de defesa posta a serviço do executado seria os embargos à execução. Se a matéria é de ordem pública, obviamente há interesse em sua decretação, não sendo apenas o devedor o interessado em alegá-la e sua decretação não aproveitando só a ele.
>
> A própria instrumentalidade e a economia processual, tão citadas como ideais do processo moderno, são melhor efetivadas quando não se permite o prosseguimento de execuções claramente infundadas. Ganharia prestígio a justiça se adotar processo mais célere, atendendo inclusive o ideal da Lei de Execução Fiscal, que é cobrar de forma segura os créditos devidos à Fazenda Pública.[36]

---

[35] MARINS, James. *Direito processual tributário brasileiro (administrativo e judicial)*. 5. ed. São Paulo: Dialética, 2010. p. 711-712.
[36] Ibid., p. 713-714.

Sobre as hipóteses de cabimento da referida objeção, Humberto Theodoro Jr. tece os seguintes comentários:

> Entre os casos que podem ser cogitados na exceção de pré-executividade figuram todos aqueles que impedem a configuração do título executivo ou que o privam da força executiva, como por exemplo as questões ligadas à falta de liquidez ou exigibilidade da obrigação, ou ainda à inadequação do meio escolhido para obter a tutela jurisdicional executiva.[37]

Também discorrendo sobre este assunto, Mauro Luís Rocha Lopes leciona:

> Nada impede que, segundo pensamos, a utilização do referido instrumento como meio de arguição de prescrição, decadência, imunidade, isenção, não incidência, anistia, remissão, pagamento ou qualquer outra matéria que infirme a relação jurídica ensejadora da cobrança, desde que mediante demonstração inequívoca e prova pré-constituída das evidências em que se funda.[38]

Após uma série de controvérsias acerca do cabimento de uma defesa prévia não prevista na Lei de Execuções Fiscais, ou simplesmente LEF (Lei nº 6.830/1980), a jurisprudência pacificou-se pela admissibilidade da defesa por meio de exceção de pré-executividade. É o que se depreende dos seguintes precedentes prolatados pela Primeira Seção do Superior Tribunal de Justiça (STJ):

---

[37] THEODORO JR., Humberto. *Curso de direito processual civil*. 35. ed. Rio de Janeiro: Forense, 2003. p. 278. v. II.
[38] LOPES, Mauro Luís Rocha. *Execução fiscal e ações tributárias*. 2. ed. Rio de Janeiro: Lumen Juris, 2003. p. 116.

TRIBUTÁRIO. EMBARGOS DE DIVERGÊNCIA EM RECURSO ESPECIAL. EXECUÇÃO FISCAL. PRESCRIÇÃO. EXCEÇÃO DE PRÉ-EXECUTIVIDADE.
1. As matérias passíveis de serem alegadas em exceção de pré-executividade não são somente as de ordem pública, mas também os fatos modificativos ou extintivos do direito do exequente, desde que comprovados de plano, sem necessidade de dilação probatória.
2. É possível arguir-se a prescrição por meio de exceção de pré-executividade, sempre que demonstrada por prova documental inequívoca constante dos autos ou apresentada juntamente com a petição.
3. A Corte Especial, no julgamento dos Embargos de Divergência no Recurso Especial nº 388.000/RS (acórdão ainda não publicado), por maioria, concluiu ser possível alegar-se prescrição por meio de exceção de pré-executividade.
4. Embargos de divergência improvidos.[39]

Em linha com o entendimento externado, é cabível a exceção de pré-executividade para a arguição de matérias de ordem pública e fatos modificativos ou extintivos do direito do exequente que não demandem dilação probatória.

A jurisprudência evoluiu, portanto, para admitir a arguição de matérias como prescrição e ilegitimidade passiva. Por oportuno, transcreve-se precedente que ilustra uma série de hipóteses de cabimento desta defesa:

PROCESSUAL CIVIL. EXECUÇÃO FISCAL. AGRAVO REGIMENTAL EM AGRAVO DE INSTRUMENTO. ART. 545 DO CPC. EXCEÇÃO DE PRÉ-EXECUTIVIDADE. DILAÇÃO PROBATÓRIA. IMPOSSIBILIDADE.

---

[39] BRASIL. Superior Tribunal de Justiça. Primeira Seção. EREsp nº 614.272/PR. Relator: ministro Castro Meira. Julgamento em 13 de abril de 2005. *DJ*, 6 jun. 2005.

1. A exceção de pré-executividade é servil à suscitação de questões que devam ser conhecidas de ofício pelo juiz, como as atinentes à liquidez do título executivo, os pressupostos processuais e as condições da ação executiva.
2. O espectro das matérias suscitáveis através da exceção tem sido ampliado por força da exegese jurisprudencial mais recente, admitindo-se a arguição de prescrição e de ilegitimidade passiva do executado, desde que não demande dilação probatória (exceção *secundum eventus probationis*).
3. *In casu*, o Tribunal de origem assentou que o reconhecimento da causa impeditiva da execução do crédito tributário demandaria a produção de provas, o que afasta o cabimento da exceção de pré-executividade, *verbis*: "*a produção probatória, em regra, deve ser objeto dos embargos do devedor, pois, para acolhimento da exceção de pré-executividade, esta deve ser pré-constituída e, principalmente, revelar-se suficientemente consistente para convencer o Magistrado e desconstituir o título executivo. No caso dos autos, a apreciação da nulidade do título, nesta via excepcional, mostra-se impossível, o que, no entanto, poderá ser feito por meio da propositura dos embargos à execução, após garantido o juízo*" (fls. 164/165).
4. Aferir a necessidade ou não de dilação probatória, inviabilizadora da utilização da exceção de pré-executividade, demanda o reexame do conteúdo fático probatório dos autos, insindicável ao STJ, em sede de recurso especial, ante a incidência da Súmula 7/STJ. Precedentes: (REsp 840924/RO, DJ.19.10.2006; AgRg no REsp 815388/SP, DJ.01.09.2006; AgRg no Ag 751712/RS, DJ. 30.06.2006).
5. Agravo regimental improvido.[40]

---

[40] BRASIL. Superior Tribunal de Justiça. Primeira Turma. Ag nº 869.357/SP. Relator: ministro Luiz Fux. Julgamento em 18 de setembro de 2007. *DJ*, 26 set. 2007, grifos no original.

Ademais, destaca-se, abaixo, decisão proferida em sede de recurso repetitivo pela Primeira Seção do STJ, que decidiu incabível a exceção de pré-executividade para defesa de sócios quando há necessidade de dilação probatória para apurar a responsabilidade dos mesmos:

> PROCESSUAL CIVIL. RECURSO ESPECIAL SUBMETIDO À SISTEMÁTICA PREVISTA NO ART. 543-C DO CPC. EXECUÇÃO FISCAL. INCLUSÃO DOS REPRESENTANTES DA PESSOA JURÍDICA, CUJOS NOMES CONSTAM DA CDA, NO POLO PASSIVO DA EXECUÇÃO FISCAL. POSSIBILIDADE. MATÉRIA DE DEFESA. NECESSIDADE DE DILAÇÃO PROBATÓRIA. EXCEÇÃO DE PRÉ-EXECUTIVIDADE. INVIABILIDADE. RECURSO ESPECIAL DESPROVIDO.
>
> 1. A orientação da Primeira Seção desta Corte firmou-se no sentido de que, se a execução foi ajuizada apenas contra a pessoa jurídica, mas o nome do sócio consta da CDA, a ele incumbe o ônus da prova de que não ficou caracterizada nenhuma das circunstâncias previstas no art. 135 do CTN, ou seja, não houve a prática de atos *"com excesso de poderes ou infração de lei, contrato social ou estatutos"*.
>
> 2. Por outro lado, é certo que, malgrado serem os embargos à execução o meio de defesa próprio da execução fiscal, a orientação desta Corte firmou-se no sentido de admitir a exceção de pré-executividade nas situações em que não se faz necessária dilação probatória ou em que as questões possam ser conhecidas de ofício pelo magistrado, como as condições da ação, os pressupostos processuais, a decadência, a prescrição, entre outras.
>
> 3. Contudo, no caso concreto, como bem observado pelas instâncias ordinárias, o exame da responsabilidade dos representantes da empresa executada requer dilação probatória, razão pela qual a matéria de defesa deve ser aduzida na via própria (embargos à execução), e não por meio do incidente em comento.

4. Recurso especial desprovido. Acórdão sujeito à sistemática prevista no art. 543-C do CPC, c/c a Resolução 8/2008 - Presidência/STJ.[41]

Após a publicação desse acórdão, foi editado o verbete da Súmula nº 393 do STJ, *verbis*:

> STJ. Súmula nº 393
> A exceção de pré-executividade é admissível na execução fiscal relativamente às matérias conhecíveis de ofício que não demandem dilação probatória.

Outrossim, o STJ já decidiu, em algumas oportunidades, que se pode alegar inconstitucionalidade da lei em sede de exceção de pré-executividade:

> PROCESSUAL CIVIL. AGRAVO REGIMENTAL EM AGRAVO DE INSTRUMENTO. ARTS. 544 E 545 DO CPC. VIOLAÇÃO AO ART. 535, I, DO CPC. INOCORRÊNCIA. TRIBUTÁRIO. EXECUÇÃO FISCAL. NÃO OFERECIMENTO DE EMBARGOS. REALIZAÇÃO DE PENHORA E INDICAÇÃO DE LEILOEIRO. EXCEÇÃO DE PRÉ-EXECUTIVIDADE. PRECLUSÃO. ARGUIÇÃO DE INCONSTITUCIONALIDADE DAS LEIS QUE DISCIPLINAVAM AS EXAÇÕES ENSEJADORAS DO CRÉDITO TRIBUTÁRIO EXEQUENDO.
> 1. Inexiste ofensa ao art. 535 do CPC, quando o Tribunal de origem, embora sucintamente, pronuncia-se de forma clara e suficiente sobre a questão posta nos autos. Ademais, o magistrado não está obrigado a rebater, um a um, os argumentos trazidos

---

[41] BRASIL. Superior Tribunal de Justiça. Primeira Seção. REsp nº 1.104.900/ES. Relatora: ministra Denise Arruda. Julgamento em 25 de março de 2009. *DJe*, 1º abr. 2009, grifo no original.

pela parte, desde que os fundamentos utilizados tenham sido suficientes para embasar a decisão.

2. A exceção de pré-executividade é servil à suscitação de questões que devam ser conhecidas de ofício pelo juiz, como as atinentes à liquidez do título executivo, os pressupostos processuais e as condições da ação executiva.

3. O espectro das matérias suscitáveis através da exceção tem sido ampliado por força da exegese jurisprudencial mais recente, admitindo-se, por exemplo, a arguição de prescrição, ou mesmo de inconstitucionalidade da exação que deu origem ao crédito exequendo, desde que não demande dilação probatória (*exceptio secundum eventus probationis*).

4. A inconstitucionalidade das exações que ensejaram a propositura da ação executória *sub judice* infirma a própria exigibilidade dos títulos em que esta se funda, matéria, inequivocamente arguível em sede de exceção de pré-executividade.

5. Consectariamente, sua veiculação em exceção de pré-executividade é admissível. (Precedentes desta Corte: REsp 595.451/RJ, Primeira Turma, Rel. Min. Teori Albino Zavascki; DJ de 06/09/2004; *REsp 600.986/RJ*, Rel. Min. Franciulli Netto, DJ de 11/05/2005, *REsp 625203/RJ*, Rel. Ministro Francisco Falcão, DJ 01.07.2005).

6. A exceção de pré-executividade é passível de dedução, ainda que esgotado o prazo para a oposição de embargos à execução, quando a alegação do executado refere-se a vício do processo de execução ou do título executivo relativo à matéria cognoscível *ex officio* pelo julgador.

7. Isto porque, não se encontrando findo o processo de execução, é lícito ao executado arguir nulidades de natureza absoluta, que porventura maculem o respectivo título exequendo, posto configurarem matéria de ordem pública, não se operando sobre elas a preclusão (Precedentes: REsp 419376/MS, DJ

19.08.2002; REsp 220100/RJ, DJ 25.10.1999; REsp 160107/ES, DJ 03.05.1999).
8. Agravo regimental desprovido.[42]

O STJ também entende pelo cabimento de honorários advocatícios a serem pagos pela Fazenda Pública caso haja êxito na exceção de pré-executividade, conforme decisões abaixo:

> PROCESSUAL CIVIL. VIOLAÇÃO AO ART. 20 DO CPC. ACOLHIMENTO DE EXCEÇÃO DE PRÉ-EXECUTIVIDADE PARA EXTINGUIR PARCIALMENTE A EXECUÇÃO FISCAL. POSSIBILIDADE DE CONDENAÇÃO EM HONORÁRIOS ADVOCATÍCIOS.
> 1. Discute-se nos autos a possibilidade de condenação em honorários advocatícios em face de acolhimento de exceção de pré-executividade que extinguir parcialmente a execução fiscal. O Tribunal de origem entendeu que "a alegação de que não houve fixação de honorários advocatícios no acórdão não procede vez que estes serão arbitrados na ação principal" (fl. 106).
> 2. Esta Corte já se manifestou no sentido de que o acolhimento do incidente de exceção de pré-executividade, mesmo que resulte apenas na extinção parcial da execução fiscal, dá ensejo à condenação na verba honorária proporcional à parte excluída do feito executivo. Nesse sentido: AgRg no Ag 1.236.272/SP, Rel. Ministro Mauro Campbell Marques, Segunda Turma, DJe 03/02/2011, REsp 1.212.247/RS, Rel. Ministro Castro Meira, Segunda Turma, DJe 14/02/2011, AgRg no REsp 1.143.559/RS, Rel. Ministro Benedito Gonçalves, Primeira Turma, DJe

---

[42] BRASIL. Superior Tribunal de Justiça. Primeira Turma. AgRg no Ag nº 977.769/RJ (2007/0268037-0). Relator: ministro Luiz Fux. Julgamento em 3 de fevereiro de 2010. DJe, 25 fev. 2010, grifos no original.

14/12/2010, REsp 948.412/PR, Rel. Ministro Luiz Fux, Primeira Turma, DJe 03/11/2010.

3. Retornem os autos à origem para que seja fixada a verba honorária na forma dos parágrafos 3º e 4º do art. 20 do CPC.

4. Recurso especial provido.[43]

PROCESSUAL CIVIL. EXECUÇÃO FISCAL. EXCEÇÃO DE PRÉ-EXECUTIVIDADE. FAZENDA PÚBLICA SUCUMBENTE. CONDENAÇÃO EM HONORÁRIOS ADVOCATÍCIOS. POSSIBILIDADE.

1. É possível a condenação da Fazenda Pública ao pagamento de honorários advocatícios em decorrência da extinção da Execução Fiscal pelo acolhimento de Exceção de Pré-Executividade.

2. Agravo regimental não provido.[44]

Além dessa questão, o STJ já se pronunciou que o executado pode, a qualquer tempo, mesmo que transcorrido o prazo para embargos, alegar em juízo a existência de nulidades que possam ser decretadas de ofício pelo juiz.

PROCESSUAL CIVIL. AGRAVO REGIMENTAL. RECURSO ESPECIAL. TRIBUTÁRIO. EXECUÇÃO FISCAL. EXCEÇÃO DE PRÉ-EXECUTIVIDADE. CABIMENTO AINDA QUE ESGOTADO O PRAZO PARA A OPOSIÇÃO DE EMBARGOS À EXECUÇÃO. PRECEDENTE DA CORTE ESPECIAL. IMUNIDADE TRIBUTÁRIA. RECONHECIMENTO DE OFÍCIO. POSSIBILIDADE. DILAÇÃO PROBATÓRIA DESNECESSÁRIA.

---

[43] BRASIL. Superior Tribunal de Justiça. Segunda Turma. REsp nº 1.243.090/RS. Relator: ministro Mauro Campbell Marques. Julgamento em 14 de abril de 2011. DJe, 28 abr. 2011.

[44] BRASIL. Superior Tribunal de Justiça. Segunda Turma. AgRg no Ag nº 1.375.026/PR. Relator: ministro Herman Benjamin. Julgamento em 15 de março de 2011. DJe, 25 abr. 2011.

1. A Corte Especial consagrou entendimento no sentido de ser viável a apresentação de exceção de pré-executividade ainda que esgotado o prazo para a oposição de embargos à execução (AgRg no Ag 977.769/RJ, Rel. Min. Luiz Fux, Corte Especial, DJe 25.2.2010).
2. A orientação de ambas as Turmas integrantes da Primeira Seção desta Corte é firme no sentido de que a imunidade tributária, comprovada de plano, pode ser suscitada em exceção de pré-executividade.
3. Precedentes: AgRg no AREsp 12.591/RJ, Rel. Min. Cesar Asfor Rocha, Segunda Turma, DJe 14.3.2012; AgRg no AREsp 18.579/SP, Rel. Min. Mauro Campbell Marques, Segunda Turma, DJe 24.10.2011; e AgRg no Ag 1281773/MG, Rel. Min. Benedito Gonçalves, Primeira Turma, DJe 16.3.2011.
4. Agravo regimental não provido.[45]

Com a aceitação da exceção de pré-executividade, o direito processual tributário consagrou um importante instrumento em favor do executado, que poderá arguir matéria de defesa independentemente de constrição patrimonial.

Embargos do devedor

Natureza de ação

Os embargos do devedor são a defesa por excelência do executado, consistindo em ação autônoma que poderá ser manejada após a garantia do juízo. Estão previstos legalmente no art. 16 da LEF, que determina a condição necessária de prévia garantia e seu prazo de 30 dias:

---

[45] BRASIL. Superior Tribunal de Justiça. Segunda Turma. AgRg nos EDcl no REsp nº 1.339.353/SP. Relator: ministro Mauro Campbell Marques. Julgamento em 13 de novembro de 2012. *DJe*, 21 nov. 2012.

Art. 16. O executado oferecerá embargos, no prazo de 30 (trinta) dias, contados:
I - do depósito;
II - da juntada da prova da fiança bancária ou do seguro garantia; (Redação dada pela Lei nº 13.043, de 2014)
III - da intimação da penhora.
§ 1º. Não são admissíveis embargos do executado antes de garantida a execução.
§ 2º. No prazo dos embargos, o executado deverá alegar toda matéria útil à defesa, requerer provas e juntar aos autos os documentos e rol de testemunhas, até três, ou, a critério do juiz, até o dobro desse limite.
§ 3º. Não será admitida reconvenção, nem compensação, e as exceções, salvo as de suspeição, incompetência e impedimentos, serão arguidas como matéria preliminar e serão processadas e julgadas com os embargos.

Ao comentar esse artigo, Mauro Luís Rocha Lopes apresenta percuciente definição dessa ação:

> A defesa do executado, em sede de execução fiscal, assume, como regra, a forma de embargos à execução, que têm natureza de ação autônoma constitutivo-negativa, objetivando a desconstituição total ou parcial do título executivo (termo de inscrição em dívida ativa), materializado na certidão de dívida ativa (CDA).
> Embora meio de defesa do executado, já não mais se atribui aos embargos à execução a natureza de contestação, disso resultando que o seu ajuizamento e regular processamento, até a apreciação efetiva da pretensão que veicula, dependem do preenchimento das ordinárias condições da ação (legitimidade *ad causam*, interesse de agir e possibilidade jurídica do pedido),

somadas às condições específicas arroladas na LEF, quais sejam o prazo e a garantia do juízo.[46]

James Marins assim descreve a questão:

> Logo, os embargos ora tratados têm natureza jurídica de ação incidental à execução proposta, criando óbices para a satisfação do interesse do credor por meio de nova ação. Grande parte das dúvidas que podem ser suscitadas ao se tratar do tema, vg: legitimidade das partes e juízo competente, resolvem-se, justamente, tomando-se por premissas as consequências advindas do fato de se estar diante de ação incidental.[47]

Com relação aos embargos do devedor, o STJ já decidiu, pela Primeira Seção, em julgamento de recurso repetitivo, em março de 2013, que o regime da reforma do Código de Processo Civil (CPC) não se aplica à execução fiscal no ponto em que dispensa a garantia do juízo para embargos do devedor e que, não obstante, são aplicáveis as regras do CPC que exigem, para concessão de efeito suspensivo aos embargos, além da garantia, a fundamentação jurídica relevante e o risco de dano irreparável. Por outro lado, há julgados do STJ no sentido de que a insuficiência da penhora não impede o recebimento dos embargos do devedor na execução fiscal.

> TRIBUTÁRIO. PROCESSUAL CIVIL. EXECUÇÃO FISCAL. EMBARGOS DO DEVEDOR. INSUFICIÊNCIA DA PENHORA. ADMISSIBILIDADE DOS EMBARGOS. MATÉRIA SUBMETIDA AO RITO DOS RECURSOS REPETITIVOS.

---

[46] LOPES, Mauro Luís Rocha. *Processo judicial tributário*: execução fiscal e ações tributárias. 4. ed. Rio de Janeiro: Lumen Juris, 2007. p. 102-103.
[47] MARINS, James. *Direito processual tributário brasileiro (administrativo e judicial)*, 2010, op. cit., p. 722.

1. A Primeira Seção do STJ, no julgamento do REsp 1.127.815/ SP, em 24.11.2010, Relator Ministro Luiz Fux, submetido à sistemática do art. 543-C do CPC, consolidou entendimento segundo o qual a insuficiência da penhora não impede o recebimento de embargos do devedor na execução fiscal.
2. *"A eventual insuficiência da penhora será suprida por posterior reforço, que pode se dar "em qualquer fase do processo" (Lei 6.830/80, art. 15, II), sem prejuízo do regular processamento dos embargos."* (REsp 1.115.414/SP, Rel. Ministro TEORI ALBINO ZAVASCKI, PRIMEIRA TURMA, julgado em 17.05.2011, DJe 26.05.2011). Agravo regimental improvido.[48]

Nos embargos à execução está o momento processual adequado para o executado alegar toda e qualquer matéria de defesa que for necessária para desconstituição da CDA como rezam o art. 16, § 2º, da LEF e o princípio da eventualidade. Sendo defeso após oferecimento dos embargos, o executado pode aduzir novas alegações a seu favor, salvo as matérias que possam ser conhecidas de ofício pelo juízo, ou seja, aquelas de ordem pública.

Por ser ação de natureza constitutiva negativa, os embargos à execução aproximam-se da ação anulatória, sendo possível, conforme o caso, a alegação de conexão ou litispendência entre ambas.

Especificamente sobre a eventual arguição de litispendência entre a ação anulatória e a execução fiscal, consoante o tratamento jurisprudencial conferido ao assunto, percebe-se que os tribunais têm rechaçado o reconhecimento de tal fenômeno processual. Isso porque o pedido da ação executiva não se confunde com o da anulatória, embora haja sensível grau de

---

[48] BRASIL. Superior Tribunal de Justiça. Segunda Turma. AgRg no AREsp nº 261.421/ AL. Relator: ministro Humberto Martins. Julgamento em 23 de abril de 2013. *DJe*, 2 maio 2013, grifo no original.

afinidade entre tais demandas – especialmente se considerarmos a causa de pedir remota.

É de notar que se recomenda até a reunião dos feitos, aplicando o instituto da conexão – ante a semelhança ou identidade parcial entre as demandas –, mas não o da litispendência, haja vista a nítida distinção entre os pedidos (executivo e constitutivo-negativo).

Já no que diz respeito à ação anulatória em relação aos embargos de devedor, o entendimento pretoriano majoritário aponta justamente para o reconhecimento da litispendência desde que haja identidade entre seus elementos (partes, causa de pedir e pedido). Nesse sentido é o precedente do STJ a seguir transcrito:

> PROCESSUAL CIVIL E TRIBUTÁRIO. EXECUÇÃO FISCAL E AÇÃO ANULATÓRIA. LITISPENDÊNCIA. NÃO OCORRÊNCIA.
> 1. Cinge a controvérsia sobre a possibilidade de se reconhecer a litispendência entre ação anulatória e ação de execução fiscal em que se discute um mesmo tributo.
> 2. *Esta Corte possui entendimento no sentido de que haveria litispendência entre embargos do devedor e ação anulatória, se verificada a tríplice identidade a que se refere o art. 301, § 2º, do CPC. No entanto, em se tratando de execução fiscal, não há que falar em litispendência, mas em possível conexão de ações.* Precedentes: CC 106.041/SP, Rel. Min. Castro Meira, Primeira Seção, DJe de 9.11.2009; REsp 899.979/SP, Rel. Min. Teori Albino Zavascki, Primeira Turma, DJe de 1.10.2008.
> 3. Agravo regimental não provido.[49]

---

[49] BRASIL. Superior Tribunal de Justiça. Segunda Turma. AgRg no Ag nº 1.157.808/RJ. Relator: ministro Mauro Campbell Marques. Julgamento em 3 de agosto de 2010. *DJe*, 24 ago. 2010, grifo nosso.

Prazo

Uma questão relevante posta em discussão é a do prazo para ajuizamento dos embargos à execução. A primeira nota a ser feita relaciona-se à diferença da contagem do prazo para embargos em sede de execução fiscal na hipótese de penhora (art. 16, III, da LEF). Enquanto no processo civil o prazo é contado da juntada aos autos do mandado de citação (art. 915 do CPC/2015), na hipótese em exame o termo *a quo* é a data da intimação da penhora. É justamente este o entendimento consagrado na seguinte ementa:

> PROCESSUAL CIVIL E TRIBUTÁRIO. AGRAVO REGIMENTAL. INEXISTÊNCIA DE VIOLAÇÃO DO ART. 535 DO CPC. EXECUÇÃO FISCAL. PRAZO PARA OPOSIÇÃO DE EMBARGOS AO DEVEDOR. TERMO INICIAL. INTIMAÇÃO PESSOAL DA PENHORA.
> 1. Não há violação do art. 535 do CPC, quando todas as questões postas em debate são devidamente enfrentadas no acórdão recorrido.
> 2. *Entendimento desta Corte no sentido de que o prazo para oposição de embargos à execução fiscal é contado a partir da data da intimação pessoal da penhora, nos termos do art. 16, III, da Lei n. 6.830/80, e não da juntada aos autos do respectivo mandado, devendo constar expressamente deste a advertência do prazo para oferecimento dos respectivos embargos.*
> 3. Espécie em que o Tribunal *a quo* consignou que a parte recorrente não juntou a certidão de intimação da penhora para poder precisar o marco inicial do prazo. Desse modo, não há como verificar se a executada foi intimada expressamente do prazo ou não. Incidência da Súmula 7/STJ.
> 4. Agravo regimental não provido."[50]

---

[50] BRASIL. Superior Tribunal de Justiça. Segunda Turma. AgRg no REsp nº 843.721/RS. Relator: ministro Mauro Campbell Marques. Julgamento em 14 de outubro de 2008. *DJe*, 10 nov. 2008, grifo nosso.

Apesar da redação clara do inciso I do art. 16 da LEF, discutia-se também se o prazo para o ajuizamento dos embargos seria contado da data de efetivação do depósito judicial ou da intimação do depósito.

Em um primeiro momento, foram identificados posicionamentos pela contagem a partir da data da efetivação do depósito, até mesmo em razões de instrumentalidade processual, tendo em vista que é o próprio executado quem efetua o depósito judicial, já tendo conhecimento do fato desde aquele momento.[51]

Em sede de embargos de divergência, a Primeira Seção do STJ, vencido o ministro Teori Zavascki,[52] firmou entendimento no sentido de que, na hipótese de garantia do juízo por meio de depósito em dinheiro, o termo *a quo* para a oposição de embargos à execução é a intimação do depósito e não a data de sua efetivação:

> PROCESSUAL CIVIL. EMBARGOS DE DIVERGÊNCIA NO RECURSO ESPECIAL. TRIBUTÁRIO. EXECUÇÃO FISCAL. GARANTIA DO JUÍZO POR MEIO DE DEPÓSITO EM DINHEIRO. EMBARGOS À EXECUÇÃO. TERMO INICIAL.
> 1. A orientação prevalente nas Turmas que integram a Primeira Seção/STJ firmou-se no sentido de que, garantido o juízo por meio de depósito efetuado pelo devedor, é necessária sua formalização, de modo que o prazo para oposição de embargos inicia-se a partir da intimação do depósito. Nesse sentido: REsp 664.925/SC, 2ª Turma, Rel. Min. Eliana Calmon, DJ de 5.5.2006; REsp 830.026/RJ, 2ª Turma, Rel. Min. Castro Meira, DJ de 29.5.2006; REsp 806.087/MG, 1ª Turma, Rel. Min. Denise Arruda, DJe de 3.9.2008.
> 2. Embargos de divergência desprovidos.[53]

---

[51] BRASIL. Superior Tribunal de Justiça. Primeira Turma. REsp nº 1.062.537/RJ. Relator: ministro Teori A. Zavascki. Julgamento em 24 de junho de 2008. *DJe*, 1º jul. 2008.
[52] Em seu voto vencido, o ministro Teori Zavascki ressaltou inclusive a prolação de recentes decisões pela contagem do prazo da efetivação do depósito (REsp nº 1.062.537/RJ).
[53] BRASIL. Superior Tribunal de Justiça. Primeira Seção. EREsp nº 767.505/RJ. Relatora: ministra Denise Arruda. Julgamento em 10 de setembro de 2008. *DJe*, 29 set. 2008.

Efeito suspensivo dos embargos

Outra questão atual e de grande importância, já julgada segundo o rito dos recursos repetitivos do art. 543-C do CPC/1973 (atualmente, art. 1.036 do CPC/2015) no STJ, é a dos efeitos da reforma do processo de execução promovida pela Lei nº 11.382/2006 sobre o processo executivo fiscal.

Até a vigência dos dispositivos inseridos pela Lei nº 11.382/2006, não havia dúvidas acerca do efeito suspensivo da oposição dos embargos de devedor em sede de execução fiscal, em virtude da expressa redação do art. 739, § 1º, do CPC, com redação dada pela Lei nº 8.953/1994, *litteris*:

> Art. 739. O juiz rejeitará liminarmente os embargos: [...]
> § 1º. Os embargos serão sempre recebidos com efeito suspensivo.

Complementando a sistemática instituída, o art. 520, V, do mesmo código, expressamente atribuía efeito devolutivo à apelação interposta em face de sentença que rejeitasse ou julgasse improcedentes os embargos opostos à execução.

Em virtude da reforma operada pela Lei nº 11.382/2006, foi revogado o art. 739, *caput* e § 1º, ambos do CPC, tendo sido incluído, nesse mesmo diploma, o art. 739-A, com a seguinte redação (grifo nosso):

> Art. 739-A. Os embargos do executado *não terão efeito suspensivo*.
> [...]
> § 1º. O juiz poderá, a requerimento do embargante, atribuir efeito suspensivo aos embargos quando, sendo relevantes seus fundamentos, o prosseguimento da execução manifestamente possa causar ao executado grave dano de difícil ou incerta reparação, e desde que a execução já esteja garantida por penhora, depósito ou caução suficientes.

§ 2º. A decisão relativa aos efeitos dos embargos poderá, a requerimento da parte, ser modificada ou revogada a qualquer tempo, em decisão fundamentada, cessando as circunstâncias que a motivaram.

§ 3º. Quando o efeito suspensivo atribuído aos embargos disser respeito apenas à parte do objeto da execução, essa prosseguirá quanto à parte restante.

§ 4º. A concessão de efeito suspensivo aos embargos oferecidos por um dos executados não suspenderá a execução contra os que não embargaram, quando o respectivo fundamento disser respeito exclusivamente ao embargante.

§ 5º. Quando o excesso de execução for fundamento dos embargos, o embargante deverá declarar na petição inicial o valor que entende correto, apresentando memória do cálculo, sob pena de rejeição liminar dos embargos ou de não conhecimento desse fundamento.

§ 6º. A concessão de efeito suspensivo não impedirá a efetivação dos atos de penhora e de avaliação dos bens.

Com vistas a tornar mais célere o processo de execução, o legislador instituiu o prosseguimento da execução como regra. Nesse novo contexto, o efeito suspensivo dos embargos opostos pelo executado tornou-se exceção condicionada aos seguintes requisitos: (1) expresso requerimento da parte; (2) relevância de seus fundamentos (*fumus boni juris*); (3) demonstração de que o prosseguimento da execução pode causar grave dano de difícil ou incerta reparação (*periculum in mora*); e (4) prévia garantia do juízo.

Exatamente nesse sentido são os comentários de Diego Diniz Ribeiro em artigo sobre a matéria:

> Ocorre que, a partir da reforma da execução dos títulos judiciais, a suspensividade dos embargos passou a ser exceção e não

mais a regra. Agora, para que o aludido incidental seja capaz de obstar o prosseguimento do executivo, mister se faz o advento de decisão judicial neste sentido. [...]

Quanto aos requisitos, são eles: (i) relevância dos fundamentos dos embargos; (ii) a possibilidade do prosseguimento da execução implicar graves danos de incerta ou difícil reparação; e (iii) a garantia da execução com bens suficientes para esse fim. [...]

A penhora, portanto, não é mais pressuposto para a admissibilidade deste incidental, mas apenas um dos requisitos para a concessão do seu efeito suspensivo.[54]

A discussão inicial pairou sobre a aplicabilidade dessa nova sistemática aos processos executivos regulados pela LEF. Os posicionamentos dividem-se em basicamente duas correntes. A primeira delas defende a aplicabilidade subsidiária do CPC ao processo de execução fiscal regido pela Lei nº 6.830/1980 naquilo em que ela for omissa, em virtude do disposto no seu art. 1º. De outro lado, há quem sustente ser possível uma interpretação sistemática dos dispositivos da Lei nº 6.830/1980, dos quais se extrairia o caráter suspensivo dos embargos ali opostos.

Nesse sentido, veja a seguinte conclusão de artigo sobre o tema:

> Sendo assim, fica devidamente demonstrado que a interpretação sistemática dos arts. 16, 17, 18 e 19 da Lei nº 6.830/80 leva à conformação da norma jurídica que prevê, em sede de execução fiscal, o caráter suspensivo dos embargos ali opostos, afastando, consequentemente, a incidência do disposto na parte final do

---

[54] RIBEIRO, Diego Diniz. A suspensividade dos embargos na execução fiscal: a (não) incidência do novo art. 739 do CPC. *Revista Dialética de Direito Processual*, São Paulo, n. 61, p. 22-23, abr. 2008.

art. 1º da LEF, i.e., a aplicação subsidiária do CPC, em especial do art. 739-A.[55]

No mesmo soar é a lição de Mauro Luís Rocha Lopes:

> Sempre se entendeu que o recebimento dos embargos suspende o curso da execução fiscal. A LEF não traz disposição expressa neste sentido, mas, implicitamente, ao fixar regras como a de que somente após rejeição dos embargos o terceiro garantidor do débito será chamado a remir o bem ou a pagar a dívida (art. 19), ou a que determina que o depósito feito em garantia só pode ser levantado ou convertido em renda após o trânsito em julgado (art. 32, § 2º), deixou claro que, recebidos os embargos, os atos executivos ficarão sobrestados pelo menos até que decidida por sentença de improcedência a ação incidental – já que eventual apelação dela interposta não possuirá efeito suspensivo, a teor do art. 520, inciso V, do CPC.
>
> Assim não há espaço à aplicação subsidiária ao executivo fiscal do novo comando do art. 739-A do CPC, acrescentado ao diploma processual geral pela Lei nº 11.382/2006, segundo o qual os embargos do executado não terão efeito suspensivo.[56]

Inúmeras vozes da doutrina se manifestaram pela impossibilidade de aplicação subsidiária do art. 739-A do CPC/1973 ao processo de execução fiscal, entre as quais destacamos: Hugo de Brito Machado;[57] Hugo de Brito Machado Segundo;[58] Igor

---

[55] Ibid., p. 27.
[56] LOPES, Mauro Luís Rocha. *Processo judicial tributário*, 2007, op. cit., p. 121.
[57] MACHADO, Hugo de Brito. Embargos à execução fiscal: prazo para interposição e efeito suspensivo. *Revista Dialética de Direito Tributário*, São Paulo, n. 151, p. 49-58, abr. 2008.
[58] MACHADO SEGUNDO, Hugo de Brito; MACHADO, Raquel Cavalcanti Ramos. A reforma no CPC e a suspensão da execução fiscal pela oposição dos embargos suspensivos. *Revista Dialética de Direito Tributário*, São Paulo, n. 151, p. 59-67, abr. 2008.

Mauler Santiago e Frederico Menezes Breyner;[59] Gustavo Amaral, Danielle Melo e Alberto Pereira.[60]

Em sentido diverso, a Procuradoria-Geral da Fazenda Nacional posicionou-se ao analisar essa questão através de seu Parecer PGFN/CRJ nº 1.732/2007, *verbis* (grifo no original):

> PARECER PGFN/CRJ/Nº 1732/2007
> Execução Fiscal. Alterações na execução fiscal ocorridas em virtude das recentes reformas processuais.
> [...]
> 15. Diante de tal cenário normativo, podemos concluir que, em face da disciplina expressa da LEF, *ainda persiste na execução fiscal a necessidade de garantia do juízo para apresentação dos embargos à execução*, contudo, uma vez ajuizados, *não possuem o condão de suspender os atos executivos imediatamente*, dependendo para tal de decisão expressa do juiz a respeito, nos termos do CPC.
> 16. A consequência imediata dessa interpretação é a exigência de constrição patrimonial para que o devedor possa se defender através dos embargos, ao passo que os atos de expropriação serão efetivados independentemente do respectivo julgamento de tal "defesa", salvo se atribuído efeito suspensivo pelo magistrado, nos termos do art. 739-A, § 1º, do CPC. Aqui se afigura um dos mais importantes escopos do legislador: uma execução de resultados.
> [...]

---

[59] SANTIAGO, Igor Mauler; BREYNER, Frederico Menezes. Eficácia suspensiva dos embargos à execução fiscal em face do art. 739-A do Código de Processo Civil. *Revista Dialética de Direito Tributário*, São Paulo, n. 145, p. 54-69, out. 2007.

[60] AMARAL, Gustavo; MELO, Danielle; PEREIRA, Alberto. As alterações da Lei nº 11.382 e sua repercussão sobre a Lei de Execuções Fiscais. *Revista Dialética de Direito Tributário*, São Paulo, n. 143, p. 7-14, ago. 2007.

101. Pensamos que a melhor interpretação a ser feita do ordenamento é a sistemático-teleológica, no intuito de transportar as ideias perfilhadas na "Teoria do Diálogo das Fontes" para a execução fiscal, possibilitando que as normas previstas no CPC, que confiram maior celeridade e efetividade à execução em relação à LEF, mesmo que contrária aos ditames desta, há de ser aplicada no executivo fiscal.

102. Por se tratar de algo inovador e que, por certo, será alvo de inúmeras divergências, não adotamos essa ideia como norteador desse trabalho, sendo as regras acima comentadas interpretadas nos exatos limites fixados na Lei de Introdução ao Código Civil (art. 2º).

103. Contudo, ao se deparar algum PFN com uma norma da execução de título extrajudicial insculpida no CPC mais benéfica do que a prevista na LEF, válida será a postulação em juízo com base na teoria aqui exposta, na tentativa de conferir ainda mais efetividade ao crédito fazendário.

Insta destacar, entretanto, que a lei específica que rege as execuções fiscais (Lei nº 6.830/1980) dispõe, em seu art. 19, acerca do prosseguimento da execução apenas quando não forem opostos de embargos:

> Art. 19. Não sendo embargada a execução ou sendo rejeitados os embargos, no caso de garantia prestada por terceiro, será este intimado, sob pena de contra ele prosseguir a execução nos próprios autos, para, no prazo de 15 (quinze) dias:
> I - remir o bem, se a garantia for real; ou
> II - pagar o valor da dívida, juros e multa de mora e demais encargos, indicados na Certidão de Dívida Ativa pelos quais se obrigou se a garantia for fidejussória.

Outrossim, o art. 32, § 2º, da LEF determina que os depósitos só serão convertidos em renda após o trânsito em julgado da decisão, concluindo o raciocínio de que os embargos possuem efeito suspensivo.

Já decorrido algum tempo da publicação da referida lei, a questão veio a ser apreciada pelos tribunais pátrios, cuja jurisprudência oscilou entre a aplicabilidade ou não do art. 739-A do CPC às execuções fiscais.

Entretanto, deve ser reconhecido que, de modo geral, no âmbito dos tribunais regionais federais, o posicionamento majoritário era pela aplicação subsidiária do art. 739-A do CPC/1973 ao processo de execução fiscal.[61]

Finalmente, em dezembro de 2008, a questão veio a ser apreciada pela Segunda Turma do STJ, que decidiu pela aplicação subsidiária do CPC/1973 à Lei nº 6.830/1980, em linha com o disposto em seu art. 1º, através de acórdão assim ementado:

> PROCESSUAL CIVIL. EMBARGOS À EXECUÇÃO FISCAL. EFEITO SUSPENSIVO. LEI 11.382/2006. REFORMAS PROCESSUAIS. INCLUSÃO DO ART. 739-A NO CPC. REFLEXOS NA LEI 6.830/1980. "DIÁLOGO DAS FONTES".
>
> 1. Após a entrada em vigor da Lei 11.382/2006, que incluiu no CPC o art. 739-A, os embargos do devedor poderão ser recebidos com efeito suspensivo somente se houver requerimento do

---

[61] BRASIL. Tribunal Regional Federal. Primeira Região. Sétima Turma. AI nº 2007.01.00.052000-0/MG. Relator: desembargador Luciano T. Amaral. Julgamento em 12 de maio de 2008. e-DJF, 23 maio 2008. TRF. Quarta Região. Quarta Turma. AI nº 2008.04.00.032528-3/RS. Relator: desembargador Sérgio R. T. Garcia. Julgamento em 26 de novembro de 2008. DJ, 19 dez. 2008. TRF. Quarta Região. Primeira Turma. AI nº 2008.04.00.032102-2/PR. Primeira Turma. Relator: desembargador Joel Ilan Paciornik. Julgamento em 29 de outubro de 2008. DJ, 11 nov. 2008. TRF. Tribunal Regional Federal da Quinta Região. Primeira Turma. AI nº 2008.05.00.007036-2/AL. Relator: desembargador Francisco Cavalcanti. Julgamento em 18 de setembro de 2008. DJ, 14 nov. 2008. TRF. Quinta Região. Terceira Turma. AI nº 2008.05.00.082444-3/AL. Relator: desembargador Paulo R. de O. Lima. DJ, 28 out. 2008. TRF. Quinta Região. Quarta Turma. AI nº 2008.05.00.035572-1/PB. Relator: desembargador Ivan de Lira Carvalho. Julgamento em 9 de setembro de 2008. DJ, 2 out. 2008.

embargante e, cumulativamente, estiverem preenchidos os seguintes requisitos: a) relevância da argumentação; b) grave dano de difícil ou incerta reparação; e c) garantia integral do juízo.

2. A novel legislação é mais uma etapa da denominada "reforma do CPC", conjunto de medidas que vêm modernizando o ordenamento jurídico para tornar mais célere e eficaz o processo como técnica de composição de lides.

3. Sob esse enfoque, a atribuição de efeito suspensivo aos embargos do devedor deixou de ser decorrência automática de seu simples ajuizamento. Em homenagem aos princípios da boa-fé e da lealdade processual, exige-se que o executado demonstre efetiva vontade de colaborar para a rápida e justa solução do litígio e comprove que o seu direito é bom.

4. Trata-se de nova concepção aplicada à teoria geral do processo de execução, que, por essa *ratio*, reflete-se na legislação processual esparsa que disciplina microssistemas de execução, desde que as normas do CPC possam ser subsidiariamente utilizadas para o preenchimento de lacunas. Aplicação, no âmbito processual, da teoria do "diálogo das fontes".

5. A Lei de Execuções Fiscais (Lei 6.830/1980) determina, em seu art. 1º, a aplicação subsidiária das normas do CPC. Não havendo disciplina específica a respeito do efeito suspensivo nos embargos à execução fiscal, a doutrina e a jurisprudência sempre aplicaram as regras do Código de Processo Civil.

6. A interpretação sistemática pressupõe, além da análise da relação que os dispositivos da Lei 6.830/1980 guardam entre si, a respectiva interação com os princípios e regras da teoria geral do processo de execução. Nessas condições, as alterações promovidas pela Lei 11.382/2006, notadamente o art. 739-A, § 1º, do CPC, são plenamente aplicáveis aos processos regidos pela Lei 6.830/1980.

7. Não se trata de privilégio odioso a ser concedido à Fazenda Pública, mas sim de justificável prerrogativa alicerçada nos

princípios que norteiam o Estado Social, dotando a Administração de meios eficazes para a célere recuperação dos créditos públicos.
8. Recurso especial não provido.[62]

Decisões nesse sentido continuam sendo proferidas pelo referido tribunal superior, mormente pela Segunda Turma daquela corte, como demonstra o teor do seguinte acórdão:

> TRIBUTÁRIO. PROCESSUAL CIVIL. AUSÊNCIA DE PREQUESTIONAMENTO. SÚMULA 211/STJ. EMBARGOS À EXECUÇÃO FISCAL. EFEITO SUSPENSIVO. ART. 739-A, § 1º, DO CPC. APLICAÇÃO ÀS EXECUÇÕES FISCAIS. REQUISITOS DA SUSPENSÃO. REEXAME DE FATOS E PROVAS. SÚMULA 7/STJ.
> 1. Descumprido o necessário e indispensável exame dos dispositivos de lei invocados pelo acórdão recorrido, apto a viabilizar a pretensão recursal da recorrente. Incidência da Súmula 211/STJ.
> 2. Nos termos do art. 1º da Lei n. 6.830/80, aplica-se, subsidiariamente, o Código de Processo Civil às execuções fiscais. *Os embargos à execução só serão recebidos no efeito suspensivo se preenchidos todos os requisitos determinados no art. 739-A do CPC.*
> 3. Concluiu o TRF da 4ª Região que não foi constatado o perigo de dano de difícil ou incerta reparação (periculum in mora) capaz de justificar a concessão da suspensão postulada; a modificação do referido entendimento demandaria o reexame do acervo fático-probatório dos autos, o que é inviável em sede de recurso especial, pelo óbice da Súmula 7/STJ.
> Agravo regimental improvido.[63]

---

[62] BRASIL. Superior Tribunal de Justiça. Segunda Turma. AgRg no REsp nº 1.317.256/PR. Relator: ministro Humberto Martins. Julgamento em 19 de junho de 2012. *DJe*, 22 jun. 2012.
[63] BRASIL. Superior Tribunal de Justiça. Segunda Turma. AgRg no REsp nº 1.317.256/PR. Relator: ministro Humberto Martins. Julgamento em 19 de junho de 2012. *DJe*, 22 jun. 2012, grifo nosso.

Em sentido diametralmente oposto, a Primeira Turma do STJ vinha firmando seu entendimento pela inaplicabilidade do art. 739-A do CPC/1973 ao rito especial do executivo fiscal, ou seja, prestigiando a especialidade da LEF, que confere o efeito suspensivo automático, decorrente da oposição dos embargos à execução. Tal exegese é claramente declinada no julgado a seguir colacionado:

> TRIBUTÁRIO E PROCESSUAL CIVIL. AGRAVO REGIMENTAL NO AGRAVO EM RECURSO ESPECIAL. EXECUÇÃO FISCAL. EMBARGOS DO DEVEDOR. ATRIBUIÇÃO DE EFEITO SUSPENSIVO, DE FORMA AUTOMÁTICA, COM A GARANTIA DO JUÍZO. INAPLICABILIDADE DO ART. 739-A DO CPC.
> 1. Agravo regimental contra decisão que conheceu do agravo para dar provimento a recurso especial interposto contra acórdão proferido pelo Tribunal de Justiça do Estado do Paraná, que, com base no art. 739-A do CPC, negou a atribuição de efeito suspensivo aos embargos do devedor, por não verificar risco de lesão grave ou de difícil reparação.
> 2. *A Primeira Turma do Superior Tribunal de Justiça tem entendido que o art. 739-A do Código de Processo Civil - CPC não se aplica ao rito das execuções fiscais, por força do princípio da especialidade.* Os embargos do devedor opostos contra execução fiscal, garantido o juízo da execução, possuem efeito suspensivo automático. Nesse sentido: REsp 1291923/PR, Rel. Ministro Benedito Gonçalves, Primeira Turma, DJe 07/12/2011; REsp 1178883/MG, Rel. Ministro Teori Albino Zavascki, Primeira Turma, DJe 25/10/2011.
> 3. Agravo regimental não provido.[64]

---

[64] BRASIL. Superior Tribunal de Justiça. Primeira Turma. AgRg no AREsp nº 126.300/PR. Relator: ministro Benedito Gonçalves. Julgamento em 19 de abril de 2012. *DJe*, 25 abr. 2012, grifo nosso.

Tudo levava a crer que o dissenso evidente na jurisprudência do STJ se configura pelo eco das diversas vozes doutrinárias que pugnam pela interpretação sistemática da LEF no sentido de que os embargos à execução teriam efeito suspensivo.

Recentemente, o STJ, no âmbito da Primeira Seção, julgou o Recurso Especial nº 1.272.827/PE, submetendo-o ao regime do art. 543-C do CPC e da Resolução STJ nº 8/2008, entendendo que a LEF não é incompatível com art. 739-A do CPC (introduzido pela Lei nº 11.382/2006) que condiciona a atribuição de efeito suspensivo aos embargos do devedor ao cumprimento de três requisitos: apresentação de garantia, verificação pelo juiz da relevância da fundamentação (*fumus boni juris*) e perigo de dano irreparável ou de difícil reparação (*periculum in mora*).

Portanto, os embargos à execução fiscal, para que tenham efeito suspensivo, devem preencher estes requisitos do art. 739-A do CPC/1973, sob pena de prosseguimento da execução fiscal.

PROCESSUAL CIVIL. TRIBUTÁRIO. RECURSO REPRESENTATIVO DA CONTROVÉRSIA. ART. 543-C, DO CPC. *APLICABILIDADE DO ART. 739-A, § 1º, DO CPC ÀS EXECUÇÕES FISCAIS.* NECESSIDADE DE GARANTIA DA EXECUÇÃO E ANÁLISE DO JUIZ A RESPEITO DA RELEVÂNCIA DA ARGUMENTAÇÃO (*FUMUS BONI JURIS*) E DA OCORRÊNCIA DE GRAVE DANO DE DIFÍCIL OU INCERTA REPARAÇÃO (*PERICULUM IN MORA*) PARA A CONCESSÃO DE EFEITO SUSPENSIVO AOS EMBARGOS DO DEVEDOR OPOSTOS *EM EXECUÇÃO FISCAL.*
1. A previsão no ordenamento jurídico pátrio da regra geral de atribuição de efeito suspensivo aos embargos do devedor somente ocorreu com o advento da Lei n. 8.953, de 13 de dezembro de 1994, que promoveu a reforma do Processo de Execução do Código de Processo Civil de 1973 (Lei n. 5.869,

de 11 de janeiro de 1973 – CPC/73), nele incluindo o § 1º do art. 739, e o inciso I do art. 791.

2. Antes dessa reforma, e inclusive na vigência do Decreto-lei n. 960, de 17 de dezembro de 1938, que disciplinava a cobrança judicial da dívida ativa da Fazenda Pública em todo o território nacional, e do Código de Processo Civil de 1939 (Decreto-lei n. 1.608/39), nenhuma lei previa expressamente a atribuição, em regra, de efeitos suspensivos aos embargos do devedor, somente admitindo-os excepcionalmente. Em razão disso, o efeito suspensivo derivava de construção doutrinária que, posteriormente, quando suficientemente amadurecida, culminou no projeto que foi convertido na citada Lei n. 8.953/94, conforme o evidencia sua Exposição de Motivos – Mensagem n. 237, de 7 de maio de 1993, DOU de 12.04.1994, Seção II, p. 1696.

3. Sendo assim, resta evidente o equívoco da premissa de que a LEF e a Lei n. 8.212/91 adotaram a postura suspensiva dos embargos do devedor antes mesmo de essa postura ter sido adotada expressamente pelo próprio CPC/73, com o advento da Lei n. 8.953/94, fazendo tábula rasa da história legislativa.

4. Desta feita, à luz de uma interpretação histórica e dos princípios que nortearam as várias reformas nos feitos executivos da Fazenda Pública e no próprio Código de Processo Civil de 1973, mormente a *eficácia material do feito executivo, a primazia do crédito público sobre o privado* e a *especialidade das execuções fiscais*, é ilógico concluir que a Lei n. 6.830 de 22 de setembro de 1980 – Lei de Execuções Fiscais – LEF – e o art. 53, § 4º da Lei n. 8.212, de 24 de julho de 1991, foram em algum momento ou são incompatíveis com a ausência de efeito suspensivo aos embargos do devedor. Isto porque quanto ao regime dos embargos do devedor invocavam – com derrogações específicas sempre no sentido de dar maiores garantias ao crédito público – a aplicação subsidiária do disposto no CPC/73 que tinha redação dúbia a respeito, admitindo diversas interpretações doutrinárias.

5. Desse modo, tanto a Lei n. 6.830/80 – LEF quanto o art. 53, § 4º da Lei n. 8.212/91 não fizeram a opção por um ou outro regime, isto é, são compatíveis com a atribuição de efeito suspensivo ou não aos embargos do devedor. Por essa razão, não se incompatibilizam com o art. 739-A do CPC/73 (introduzido pela Lei 11.382/2006) que condiciona a atribuição de efeitos suspensivos aos embargos do devedor ao cumprimento de três requisitos: apresentação de *garantia;* verificação pelo juiz da relevância da fundamentação (*fumus boni juris*) e perigo de dano irreparável ou de difícil reparação (*periculum in mora*).

6. Em atenção ao princípio da especialidade da LEF, mantido com a reforma do CPC/73, a nova redação do art. 736, do CPC dada pela Lei n. 11.382/2006 – artigo que dispensa a garantia como condicionante dos embargos – não se aplica às execuções fiscais diante da presença de dispositivo específico, qual seja o art. 16, § 1º da Lei n. 6.830/80, que exige expressamente a garantia para a apresentação dos embargos à execução fiscal.

7. Muito embora por fundamentos variados – ora fazendo uso da interpretação sistemática da LEF e do CPC/73, ora trilhando o inovador caminho da teoria do "Diálogo das Fontes", ora utilizando-se de interpretação histórica dos dispositivos (o que se faz agora) – essa conclusão tem sido a alcançada pela jurisprudência predominante, conforme ressoam os seguintes precedentes de ambas as Turmas deste Superior Tribunal de Justiça. *Pela Primeira Turma*: AgRg no Ag 1381229/PR, Primeira Turma, Rel. Min. Arnaldo Esteves Lima, julgado em 15.12.2011; AgRg no REsp 1.225.406/PR, Primeira Turma, Rel. Min. Hamilton Carvalhido, julgado em 15.02.2011; AgRg no REsp 1.150.534/MG, Primeira Turma, Rel. Min. Benedito Gonçalves, julgado em 16.11.2010; AgRg no Ag 1.337.891/SC, Primeira Turma, Rel. Min. Luiz Fux, julgado em 16.11.2010; AgRg no REsp 1.103.465/RS, Primeira Turma, Rel. Min. Francisco Falcão, julgado em 07.05.2009. *Pela*

Segunda Turma: AgRg nos EDcl no Ag n. 1.389.866/PR, Segunda Turma, Rel. Min. Humberto Martins, DJe de 21.9.2011; REsp n. 1.195.977/RS, Segunda Turma, Rel. Min. Mauro Campbell Marques, julgado em 17/08/2010; AgRg no Ag n. 1.180.395/AL, Segunda Turma, Rel. Min. Castro Meira, DJe 26.2.2010; REsp n. 1.127.353/SC, Segunda Turma, Rel. Min. Eliana Calmon, DJe 20.11.2009; REsp n. 1.024.128/PR, Segunda Turma, Rel. Min. Herman Benjamin, DJe de 19.12.2008.
8. Superada a linha jurisprudencial em sentido contrário inaugurada pelo REsp n. 1.178.883/MG, Primeira Turma, Rel. Min. Teori Albino Zavascki, julgado em 20.10.2011 e seguida pelo AgRg no REsp n. 1.283.416/AL, Primeira Turma, Rel. Min. Napoleão Nunes Maia Filho, julgado em 02.02.2012; e pelo REsp n. 1.291.923/PR, Primeira Turma, Rel. Min. Benedito Gonçalves, julgado em 01.12.2011.
9. Recurso especial provido. Acórdão submetido ao regime do art. 543-C, do CPC, e da Resolução STJ n. 8/2008.[65]

Esse entendimento se apresenta desfavorável aos contribuintes, visto que com prosseguimento do executivo fiscal, em princípio, poder-se-á prosseguir com os atos executivos, por exemplo, uma alienação de bens, sem a certeza de que, ao fim do processo, vindo o embargante a ter êxito, se poderá retornar ao *status quo ante*.

Além disso, torna a garantia aos embargos um risco para o contribuinte que pretende defender-se em juízo; já os efeitos suspensivos estão condicionados à relevância da argumentação e da ocorrência de grave dano de difícil reparação, cabendo ao juiz analisar e decidir pela suspensão.

---

[65] BRASIL. Superior Tribunal de Justiça. Primeira Seção. REsp nº 1.272.827/PE. Relator: ministro Mauro Campbell Marques. Julgamento em 22 de maio de 2013. *DJe*, 31 maio 2013, grifos no original.

Honorários advocatícios

O STJ já pacificou entendimento que são devidos honorários advocatícios caso haja desistência da execução fiscal pela Fazenda exequente, após a interposição de embargos ou execução de pré-executividade, ainda que com fundamento no art. 26 da LEF:

> STJ. Súmula nº 153. A desistência da execução fiscal, após o oferecimento dos embargos, não exime o exequente dos encargos da sucumbência.

Medida cautelar antecipatória dos efeitos da penhora

As certidões de regularidade fiscal tornam-se cada vez mais essenciais no dia a dia dos contribuintes que participam de licitações, precisam de financiamentos ou mesmo para praticar outros atos da vida empresarial para os quais tal regularidade configura pré-requisito. Os arts. 205 e 206 do CTN dispõem:

> Art. 205. A lei poderá exigir que a prova da quitação de determinado tributo, quando exigível, seja feita por certidão negativa, expedida à vista de requerimento do interessado, que contenha todas as informações necessárias à identificação de sua pessoa, domicílio fiscal e ramo de negócio ou atividade e indique o período a que se refere o pedido.
> Parágrafo único. A certidão negativa será sempre expedida nos termos em que tenha sido requerida e será fornecida dentro de 10 (dez) dias da data da entrada do requerimento na repartição.
>
> Art. 206. Tem os mesmos efeitos previstos no artigo anterior a certidão de que conste a existência de créditos não vencidos, em curso de cobrança executiva em que tenha sido efetivada a penhora, ou cuja exigibilidade esteja suspensa.

Dessa forma, quando termina a esfera administrativa e o débito aguarda ajuizamento de execução fiscal, o contribuinte ficaria sem a necessária certidão, pela impossibilidade de garantir o juízo da execução, a menos que obtivesse decisão judicial provisória suspendendo a exigibilidade do débito.

Em razão de tal dificuldade, passaram os contribuintes a defender em juízo o direito de garantir o débito anteriormente ao ajuizamento da execução fiscal, através de ações cautelares, com a finalidade única e exclusiva de garantir o juízo da futura execução fiscal a ser ajuizada pela Fazenda Pública, permitindo, assim, a obtenção de certidão positiva com efeitos de negativa.

Insta ressaltar que o STJ, no bojo do Recurso Especial nº 1.123.669/RS (recurso repetitivo nos termos do art. 543-C do CPC), pacificou o entendimento pela possibilidade de o contribuinte propor a aludida medida cautelar:

> PROCESSUAL CIVIL E TRIBUTÁRIO. RECURSO ESPECIAL REPRESENTATIVO DE CONTROVÉRSIA. ART. 543-C, DO CPC. AÇÃO CAUTELAR PARA ASSEGURAR A EXPEDIÇÃO DE CERTIDÃO POSITIVA COM EFEITOS DE NEGATIVA. POSSIBILIDADE. INSUFICIÊNCIA DA CAUÇÃO. IMPOSSIBILIDADE.
>
> 1. O contribuinte pode, após o vencimento da sua obrigação e antes da execução, garantir o juízo de forma antecipada, para o fim de obter certidão positiva com efeito de negativa. (Precedentes: EDcl no AgRg no REsp 1.057.365/RS, Rel. Ministro LUIZ FUX, PRIMEIRA TURMA, julgado em 04/08/2009, DJe 02/09/2009; EDcl nos EREsp 710.153/RS, Rel. Ministro HERMAN BENJAMIN, PRIMEIRA SEÇÃO, julgado em 23/09/2009, DJe 01/10/2009; REsp 1.075.360/RS, Rel. Ministro MAURO CAMPBELL MARQUES, SEGUNDA TURMA, julgado em 04/06/2009, DJe 23/06/2009; AgRg no REsp 898.412/RS, Rel. Ministro HUMBERTO MARTINS, SEGUNDA TURMA, julga-

do em 18/12/2008, DJe 13/02/2009; REsp 870.566/RS, Rel. Ministra DENISE ARRUDA, PRIMEIRA TURMA, julgado em 18/12/2008, DJe 11/02/2009; REsp 746.789/BA, Rel. Ministro TEORI ALBINO ZAVASCKI, PRIMEIRA TURMA, julgado em 18/11/2008, DJe 24/11/2008; EREsp 574.107/PR, Relator Ministro JOÃO OTÁVIO DE NORONHA DJ 07.05.2007)

2. Dispõe o artigo 206 do CTN que: "tem os mesmos efeitos previstos no artigo anterior a certidão de que conste a existência de créditos não vencidos, em curso de cobrança executiva em que tenha sido efetivada a penhora, ou cuja exigibilidade esteja suspensa". A caução oferecida pelo contribuinte, antes da propositura da execução fiscal, é equiparável à penhora antecipada e viabiliza a certidão pretendida, desde que prestada em valor suficiente à garantia do juízo.

3. É viável a antecipação dos efeitos que seriam obtidos com a penhora no executivo fiscal, através de caução de eficácia semelhante. A percorrer-se entendimento diverso, o contribuinte que contra si tenha ajuizada ação de execução fiscal ostenta condição mais favorável do que aquele contra o qual o Fisco não se voltou judicialmente ainda.

4. Deveras, não pode ser imputado ao contribuinte solvente, isto é, aquele em condições de oferecer bens suficientes à garantia da dívida, prejuízo pela demora do Fisco em ajuizar a execução fiscal para a cobrança do débito tributário. Raciocínio inverso implicaria em que o contribuinte que contra si tenha ajuizada ação de execução fiscal ostenta condição mais favorável do que aquele contra o qual o Fisco ainda não se voltou judicialmente.

5. *Mutatis mutandis* o mecanismo assemelha-se ao previsto no revogado art. 570 do CPC, por força do qual era lícito ao devedor iniciar a execução. Isso porque as obrigações, como vínculos pessoais, nasceram para serem extintas pelo cumprimento, diferentemente dos direitos reais que visam à perpetuação da situação jurídica nele edificada.

6. Outrossim, instigada a Fazenda pela caução oferecida, pode ela iniciar a execução, convertendo-se a garantia prestada por iniciativa do contribuinte na famigerada penhora que autoriza a expedição da certidão.

7. *In casu*, verifica-se que a cautelar restou extinta sem resolução de mérito, impedindo a expedição do documento de regularidade fiscal, não por haver controvérsia relativa à possibilidade de garantia do juízo de forma antecipada, mas em virtude da insuficiência dos bens oferecidos em caução, consoante dessume-se da seguinte e passagem do voto condutor do aresto recorrido, *in verbis*:

> "No caso dos autos, por intermédio da análise dos documentos acostados, depreende-se que os débitos a impedir a certidão de regularidade fiscal perfazem um montante de R$ 51.802,64, sendo ofertados em garantia pela autora chapas de MDF adquiridas para revenda, às quais atribuiu o valor de R$ 72.893,00.
>
> Todavia, muito embora as alegações da parte autora sejam no sentido de que o valor do bem oferecido é superior ao crédito tributário, entendo que o bem oferecido como caução carece da idoneidade necessária para aceitação como garantia, uma vez que se trata de bem de difícil alienação."

8. Destarte, para informar os fundamentos do aresto recorrido, é imprescindível o revolvimento de matéria fático-probatória, o que resta defeso a esta Corte Superior, em face do óbice erigido pela Súmula 07 do STJ.

9. Por idêntico fundamento, resta interditada, a este Tribunal Superior, a análise da questão de ordem suscitada pela recorrente, consoante infere-se do voto condutor do acórdão recorrido, *litteris*:

> "Prefacialmente, não merece prosperar a alegação da apelante de que é nula a sentença, porquanto não foi observada a relação de dependência com o processo de nº 2007.71.00.007754-8.

Sem razão a autora. Os objetos da ação cautelar e da ação ordinária em questão são diferentes. Na ação cautelar a demanda limita-se à possibilidade ou não de oferecer bens em caução de dívida tributária para fins de obtenção de CND, não se adentrando a discussão do débito em si, já que tal desbordaria dos limites do procedimento cautelar. Ademais, há que se observar que a sentença corretamente julgou extinto o presente feito, sem julgamento de mérito, em relação ao pedido que ultrapassou os limites objetivos de conhecimento da causa próprios do procedimento cautelar."
10. Recurso Especial parcialmente conhecido e, nesta parte, desprovido. Acórdão submetido ao regime do art. 543-C do CPC e da Resolução STJ 08/2008.[66]

Assim, restou pacificada nos tribunais a possibilidade do ajuizamento da referida ação cautelar para garantir ao contribuinte a expedição da certidão positiva com efeitos de negativa no tempo que medeia o término da fase administrativa e o ajuizamento da ação executiva correspondente.

Questões de automonitoramento

1) Após ler este capítulo, você é capaz de resumir o caso gerador do capítulo 4, identificando os problemas atinentes e as soluções cabíveis para os diferentes cenários?
2) Quais os fundamentos para a aceitação da exceção de pré-executividade como forma de defesa do executado?
3) Qual a finalidade do ajuizamento de medida cautelar antecipatória dos efeitos da penhora?

---

[66] BRASIL. Superior Tribunal de Justiça. Primeira Seção. REsp nº 1.123.669/RS. Relator: ministro Luiz Fux. Julgamento em 9 de dezembro de 2009. *DJe*, 1º fev. 2010.

3

Ações: ação anulatória/ação declaratória

Roteiro de estudo

Ações ordinárias

Este roteiro de estudo destina-se à apresentação das ações ordinárias tributárias, que serão objeto de estudo neste capítulo. Trata-se das ações tributárias mais relevantes ajuizadas sob o rito ordinário, que serão analisadas privilegiando-se um enfoque prático e atento à jurisprudência.

O tema das ações ordinárias em matéria tributária pressupõe o conhecimento de conceitos de direito processual civil, os quais serão aqui aproveitados pela perspectiva do direito tributário, por exemplo, os conceitos de coisa julgada, conexão, continência e litispendência, tão comuns em matéria tributária.

Após a leitura deste material, pretende-se que o aluno tenha noções basilares dos conceitos processuais fundamentais das referidas ações, tais como cabimento, legitimidade e admissibilidade, e esteja ciente das controvérsias mais relevantes acerca de seu manejo.

Ação declaratória

Segundo Luiz Fux, o processo de conhecimento conducente à sentença admite espécies, conforme o conteúdo da resposta judicial de procedência. Assim é que os processos de conhecimento podem ser "declaratórios", "condenatórios", "constitutivos" ou "mandamentais". Interessa-nos especificamente a definição do juízo declaratório, que, segundo o referido autor, "é aquele donde provém uma sentença que declara a existência ou a inexistência de uma relação jurídica, com a força do ato da autoridade".[67]

Considerando tal definição, afirma-se que a sentença declaratória não cria estado jurídico novo, mas "visa apenas à declaração da existência ou inexistência da relação jurídica",[68] conferindo, dessa forma, segurança jurídica acerca de determinada questão controvertida.

Em matéria tributária, trata-se de ação de iniciativa do contribuinte que almeja a declaração de inexistência de relação jurídico-tributária ou a declaração relativa a aspectos atinentes a tal relação (isto é, a possibilidade de apropriação de determinados créditos na apuração do ICMS ou do PIS e da Cofins, possibilidade de efetivação de deduções da base de cálculo dos tributos, entre outros).

É a própria natureza do provimento jurisdicional pretendido que batiza essa ação, e seu fundamento está prescrito no art. 19, do Código de Processo Civil (CPC/2015), *verbis*:

> Art. 19. O interesse do autor pode limitar-se à declaração:
> I - da existência ou da inexistência de relação jurídica;
> II - da autenticidade ou falsidade de documento.

---

[67] FUX, Luiz. *Curso de direito processual civil*. Rio de Janeiro: Forense, 2004. p. 45-46.
[68] DINAMARCO, Cândido Rangel; GRINOVER, Ada Pellegrini; CINTRA, Antonio Carlos de Araújo. *Teoria geral do processo*. 18. ed. São Paulo: Malheiros, 2002. p. 303.

Como relação jurídico-tributária entende-se a relação obrigacional tributária estabelecida entre o sujeito ativo e o sujeito passivo devido à ocorrência, no mundo dos fatos, daquele fato econômico (fato imponível) previsto abstratamente em lei (hipótese de incidência), em razão da qual o tributo deverá ser recolhido.

Diante de uma norma vigente e eficaz, a qual obriga o contribuinte a recolher tributo, a inércia deste, por entender que tal incidência é indevida, acarretaria o lançamento de ofício do tributo devido. Assim, é justamente no período entre a vigência da norma que determina o recolhimento do tributo e a efetivação do lançamento tributário que se situa temporalmente a ação declaratória como instrumento processual, através do qual o contribuinte deduzirá em juízo as causas de pedir que fundamentem o pedido de declaração de inexistência de relação jurídico-tributária ou da declaração de determinado direito relativo àquela relação jurídico-tributária.

Como dito, a ação declaratória guarda, por essência, uma estreita relação com o princípio da segurança jurídica, uma vez que o provimento jurisdicional declaratório confere segurança acerca da situação jurídica do sujeito ativo com relação à qual pairavam dúvidas no momento de seu ajuizamento.

No que se refere à legitimação *ad causam*, a legitimação ativa está em poder do contribuinte ou do responsável tributário, ou seja, daquele que figura no polo passivo da relação obrigacional tributária a ser alvo de discussão judicial. Por sua vez, a legitimação passiva é da pessoa jurídica competente para exigir o tributo, situada no polo ativo da relação obrigacional tributária.

Sobre o tema, vejam-se os comentários de Mauro Luís Rocha Lopes:

> Pacificou-se, portanto, a jurisprudência no sentido de que a legitimidade *ad causam*, no processo judicial tributário em

geral, está adstrita aos sujeitos envolvidos na relação material tributária em litígio, pouco importando a tanto: a) que haja responsabilidade de terceiro pelo pagamento, decorrente de contrato; e b) quem seja a entidade federativa competente para legislar sobre determinado tributo, se, em relação a ele, houve delegação de capacidade tributária ativa a outra.[69]

A ação declaratória também depende da existência da situação de fato sobre a qual recai a incerteza jurídica objetiva. Tal situação duvidosa caracteriza o interesse de agir do contribuinte, justamente por não ser a ação declaratória instrumento de discussão de lei em tese. A esse respeito, já se manifestou o Superior Tribunal de Justiça (STJ):

> TRIBUTÁRIO E PROCESSUAL CIVIL. AGRAVO REGIMENTAL NO AGRAVO DE INSTRUMENTO. ICMS. AÇÃO DECLARATÓRIA. INTERPRETAÇÃO DE LEI EM TESE. IMPOSSIBILIDADE. AUSÊNCIA DE PREQUESTIONAMENTO. SÚMULA 282/STF. INCIDÊNCIA.
> 1. Se o Tribunal de origem não enfrenta a matéria dos artigos 126, 165, 267, VI, 282, 458 e 535 do CPC, tem-se como não suprido o requisito do prequestionamento. Súmula n. 282 do STF incidente à espécie.
> 2. Em sede de ação declaratória, deve-se apontar, ainda que potencialmente, a repercussão do provimento judicial na esfera particular, sob pena de apreciação em tese do texto legal.
> 3. Agravo regimental não provido.[70]

---

[69] LOPES, Mauro Luís Rocha. *Processo judicial tributário*: execução fiscal e ações tributárias. 4. ed. Rio de Janeiro: Lumen Juris, 2007. p. 274.
[70] BRASIL. Superior Tribunal de Justiça. Primeira Turma. AgRg no Ag nº 927.765/MG. Relator: ministro José Delgado. Julgamento em 11 de março de 2008. *DJe*, 14 abr. 2008.

Além disso, há um acórdão através do qual entende o STJ que é possível o ajuizamento de ação declaratória fundada em fato previsível, embora ainda não consumado, como se depreende da ementa do seguinte julgado:

> PROCESSUAL – AÇÃO DECLARATÓRIA – CERTEZA – FATO PREVISÍVEL AINDA NÃO CONSUMADO – POSSIBILIDADE JURÍDICA.
> É possível o exercício de ação declaratória visando à certeza de relação jurídica ainda não consumada, mas previsível.[71]

Uma vez sendo a ação declaratória ajuizada anteriormente ao lançamento tributário, com fundamento na incerteza objetiva caracterizadora do interesse de agir, surge a dúvida acerca das consequências do lançamento tributário com relação à matéria pendente de julgamento nos autos da referida ação judicial.

Com relação a essa questão, é cediço, na doutrina e jurisprudência, que o manejo da ação judicial pelo contribuinte, ainda que com a suspensão da exigibilidade do crédito tributário, não obsta seu lançamento pela Fazenda Pública a fim de evitar a fulminação do direito fazendário pela decadência, cujo curso, em regra, não se submete a nenhuma causa interruptiva ou suspensiva.

Na hipótese de o lançamento ser confirmado administrativamente, dando causa à sua inscrição em dívida ativa e posterior ajuizamento de execução fiscal, é importante analisar os impactos processuais do ajuizamento da ação declaratória, como a conexão. Tais questões processuais serão analisadas com maiores detalhes ao tratarmos da ação anulatória. A título

---

[71] BRASIL. Superior Tribunal de Justiça. Primeira Turma. REsp nº 256.131/SP. Relator: ministro Garcia Vieira. Julgamento em 27 de junho de 2000. DJ, 4 set. 2000.

ilustrativo, transcrevemos os seguintes precedentes da Primeira Seção do STJ:

> PROCESSUAL CIVIL. CONFLITO DE COMPETÊNCIA. PROCESSO JUDICIAL TRIBUTÁRIO. EXACIONAL (EXECUÇÃO FISCAL) X ANTIEXACIONAL (AÇÃO DECLARATÓRIA DE INEXISTÊNCIA DA RELAÇÃO JURÍDICA TRIBUTÁRIA DA QUAL DEFLUI O DÉBITO EXECUTADO). CONEXÃO. ARTIGO 103, DO CPC. REGRA PROCESSUAL QUE EVITA A PROLAÇÃO DE DECISÕES INCONCILIÁVEIS.
>
> 1. A propositura de qualquer ação relativa ao débito constante do título executivo não inibe o credor de promover-lhe a execução (§ 1º, do artigo 585, do CPC).
>
> 2. A finalidade da regra é não impedir a execução calcada em título da dívida líquida e certa pelo simples fato da propositura da ação de cognição, cujo escopo temerário pode ser o de obstar o processo satisfativo desmoralizando a força executória do título executivo.
>
> 3. À luz do preceito e na sua exegese teleológica, colhe-se que a recíproca não é verdadeira, vale dizer: proposta a execução torna-se despiscienda [sic] e, portanto, falece interesse de agir a propositura de ação declaratória porquanto os embargos cumprem os desígnios de eventual ação autônoma.
>
> 4. Conciliando-se os preceitos, tem-se que, precedendo a ação anulatória à execução, aquela passa a exercer perante esta inegável influência prejudicial a recomendar o *simultaneus processus*, posto conexas pela prejudicialidade, forma expressiva de conexão a recomendar a reunião das ações, como expediente apto a evitar decisões inconciliáveis.
>
> 5. O juízo único é o que guarda a mais significativa competência funcional para verificar a verossimilhança do alegado na ação de conhecimento e permitir que prossiga o processo satisfativo ou se suspenda o mesmo.

6. Refoge à razoabilidade permitir que a ação anulatória do débito caminhe isoladamente da execução calcada na obrigação que se quer nulificar, por isso que, exitosa a ação de conhecimento, o seu resultado pode frustrar-se diante de execução já ultimada (Recentes precedentes desta Corte sobre o tema: REsp 887607/SC, Relatora Ministra Eliana Calmon, Segunda Turma, publicado no DJ de 15.12.2006; REsp 722303/RS, desta relatoria, Primeira Turma, publicado no DJ de 31.08.2006; REsp 754586/RS, Relator Ministro Teori Albino Zavascki, Primeira Turma, publicado no DJ de 03.04.2006).
7. *In casu*, a execução fiscal restou ajuizada enquanto pendente a ação declaratória da inexistência da relação jurídica tributária, o que reclama a remessa dos autos executivos ao juízo em que tramita o pleito ordinário, em razão da patente conexão.
8. Conflito conhecido para declarar a competência do Juízo da 7ª Vara Federal de Campinas/SP.[72]

CONFLITO POSITIVO DE COMPETÊNCIA – EXECUÇÃO FISCAL E AÇÕES ORDINÁRIAS CONEXAS – SENTENÇA EXTINGUINDO A AÇÃO ORDINÁRIA DO JUÍZO DE CANOAS – SÚMULA 235/STJ.
1. A jurisprudência da Primeira Seção do STJ pacificou-se no sentido de que "*entre ação de execução e outra ação que se oponha ou possa comprometer os atos executivos, há evidente laço de conexão (CPC, art. 103), a determinar em nome da segurança jurídica e da economia processual, a reunião dos processos, prorrogando-se a competência do juiz que despachou em primeiro lugar (CPC, art. 106)*" (CC 38.045-MA, Rel. Teori Albino Zavascki, Primeira Turma, DJ 9.12.2003).

---

[72] BRASIL. Superior Tribunal de Justiça. Primeira Seção. CC nº 81.290 (2007/0040456-1). Relator: ministro Luiz Fux. Julgamento em 12 de novembro de 2008. *DJe*, 15 dez. 2008.

2. Consoante se depreende dos autos, a Ação Declaratória proposta no Distrito Federal foi ajuizada em 13.3.2006, enquanto que a Execução fiscal foi movida em 14.7.2006, fato que determina a competência do juízo da 7ª Vara Federal da SJ/DF, que despachou em primeiro lugar.
Conflito Positivo de Competência conhecido, para declarar competente o Juízo Federal da 7ª Vara do Distrito Federal, o suscitado.[73]

É interessante mencionar, também, a flexibilização da eficácia da sentença declaratória reconhecida pela jurisprudência do STJ, que lhe reconhece eficácia executiva, como se pode depreender do precedente a seguir colacionado que, inclusive, elucida que a matéria foi objeto de recurso repetitivo naquela Corte:

TRIBUTÁRIO – PROCESSO CIVIL – AGRAVO INTERNO EM AGRAVO EM RECURSO ESPECIAL – SUFICIÊNCIA DA PRESTAÇÃO JURISDICIONAL – OFENSA AO ART. 535 DO CPC – INEXISTÊNCIA – EFICÁCIA EXECUTIVA DE SENTENÇA DECLARATÓRIA – RESP 1114404/MG E RESP 1261888/RS – ART. 543-C DO CPC.
1. Não há violação do art. 535 do CPC quando a prestação jurisdicional é dada na medida da pretensão deduzida, com enfrentamento e resolução das questões abordadas no recurso.
2. Segundo jurisprudência sedimentada nesta Corte, confere-se eficácia executiva *lato sensu* ao provimento declaratório que acerta a relação jurídica discutida na demanda, pois *"Não há razão alguma, lógica ou jurídica, para submeter tal sentença, antes da sua execução, a um segundo juízo de certificação, cujo resultado seria necessariamente o mesmo, sob pena de ofensa à coisa julgada"* (REsp 1300231/RS, rel. Min. Teori Zavascki, DJe 18/04/2012).

---

[73] BRASIL. Superior Tribunal de Justiça. Primeira Seção. Relator: ministro Humberto Martins. CC nº 93.275/RS. Julgamento em 27 de maio de 2009. *DJe*, 3 jun. 2009, grifo no original.

3. Precedentes do STJ, inclusive julgado sobre o rito do art. 543-C do CPC.
4. Agravo regimental não provido.[74]

Outra questão importante é a dos limites da coisa julgada formada em sede de ação declaratória, pois a eficácia temporal da sentença proferida em ação declaratória admite controvérsias na doutrina e jurisprudência. De acordo com James Marins,

> na sentença proferida em ação declaratória, a declaração de existência ou inexistência ou modo de ser da relação jurídica tributária transita em julgado, porque constitui a própria decisão. Assim, "a extensão dos efeitos da coisa julgada à relação jurídica tributária pode ser obtida por meio da ação declaratória, principal ou incidental".[75]

O entendimento majoritário é no sentido de que, mantidas as circunstâncias de fato e normativas, a situação jurídica restaria resguardada pelo manto da coisa julgada formada nos autos da ação declaratória. Sobre a questão, recomenda-se a leitura do REsp nº 605.953/SP, da Súmula STF nº 239[76] e do RE nº 187.376/PR. A esse respeito, transcreve-se, ainda, a seguinte clássica decisão do STJ:

RECURSO ESPECIAL – TRIBUTÁRIO E PROCESSUAL CIVIL – AÇÃO DECLARATÓRIA DE INEXISTÊNCIA DE RELAÇÃO

---

[74] BRASIL. Superior Tribunal de Justiça. Segunda Turma. AgRg no AREsp nº 109.377/MG. Relatora: ministra Eliana Calmon. Julgamento em 15 de outubro de 2013. *DJe*, 24 out. 2013, grifo no original.
[75] MARINS, James. *Direito processual tributário brasileiro (administrativo e judicial)*. 5. ed. São Paulo: Dialética, 2010. p. 429.
[76] BRASIL. Superior Tribunal de Justiça. Súmula nº 239. Aprovada na Sessão Plenária de 13 de dezembro de 1963: "Decisão que declara indevida a cobrança de imposto em determinado exercício não faz coisa julgada com relação aos posteriores".

JURÍDICA – INCIDÊNCIA DE ICMS EM OPERAÇÕES DE EXPORTAÇÃO – LITISPENDÊNCIA – COMPROVAÇÃO DA DIVERGÊNCIA – PREQUESTIONAMENTO.

I. A propositura de ação declaratória de existência ou inexistência de relação jurídico-tributária é legitimada pelo fato de o contribuinte desejar obter a certeza sobre a existência ou inexistência de uma relação jurídico-tributária (se há ou não, em relação a ele ou ao seu caso, imunidade, não incidência ou isenção). Não pode versar sobre a lei em tese, e sim sobre fato gerador determinado. Visa a extrair do Poder Judiciário a declaração de que o fato realizado dá ensejo a posterior exigência tributária.

II. Como a obrigação tributária é uma só, a existência de uma ação anterior induz sim a litispendência e coisa julgada. Isto porque havendo imunidade, esta haverá sempre, independentemente do exercício financeiro; configurando-se hipótese de não incidência, sempre haverá não incidência, e, por fim, existindo isenção, sempre existirá isenção, até que advenha lei que a revogue.[77]

No que se refere à declaração do direito de compensação, ensina Leandro Paulsen:

> Não tendo sido deduzido pedido líquido, que exigiria pronunciamento sobre o crédito a compensar na própria sentença do processo de conhecimento, é descabido falar-se em liquidação de sentença que reconhece o direito do contribuinte de efetuar a compensação do tributo cobrado sem suporte legal, eis que

---

[77] BRASIL. Superior Tribunal de Justiça. Segunda Turma. REsp nº 232.296/MG. Relator: ministro Nancy Andrighi. Julgamento em 15 de agosto de 2000. *DJ*, 9 out. 2000. No mesmo sentido: BRASIL. Superior Tribunal de Justiça. Segunda Turma. REsp nº 88.855/SP. Relator: ministro João Otávio Noronha. Julgamento em 19 de outubro de 2004. *DJ*, 6 dez. 2004.

a compensação se dá no regime do lançamento por homologação, cabendo ao contribuinte o cálculo, sujeita a operação, à fiscalização.[78]

Vale destacar que a ação declaratória não impede o ajuizamento de execução fiscal, com exceção dos casos em que estiver depositado o valor integral do débito ou em que tenha sido concedida liminar ou antecipação de tutela, porquanto são causas de suspensão da exigibilidade do crédito tributário, na forma do art. 151, incisos II e V, do Código Tributário Nacional (CTN).

É possível, ainda, o ajuizamento de ação declaratória incidental, como leciona James Marins: "Quando se objetiva que a questão prejudicial de mérito seja abrangida pela coisa julgada, pode-se propor ação declaratória incidentalmente ao processo principal".[79]

Há debate, também, acerca do prazo prescricional para ajuizamento da referida ação. Como se trata de declaração, não haveria prazo prescricional; entretanto, caso a sentença seja utilizada para obtenção da restituição de tributos, terá de respeitar o prazo quinquenal.

Vistos os aspectos mais relevantes da ação declaratória, passamos à análise da ação anulatória de débito fiscal.

Ação anulatória

Enquanto a ação declaratória pressupõe a inexistência de lançamento tributário, a ação anulatória busca justamente a desconstituição do lançamento tributário e, por via de conse-

---

[78] PAULSEN, Leandro. *Direito processual tributário*. Porto Alegre: Livraria do Advogado, 2010. p. 436.
[79] MARINS, James. *Direito processual tributário brasileiro (administrativo e judicial)*, 2010, op. cit., p. 430.

quência, do débito fiscal. Por isso, é usual a denominação ação anulatória de débito fiscal.

Há, então, uma relação jurídica preexistente, já constituída através de ato administrativo – o lançamento tributário – cuja desconstituição é pleiteada por intermédio dessa ação ordinária. Justamente por isso, diz-se que a natureza do provimento jurisdicional oriundo dessa ação é constitutivo-negativa. Sobre esse assunto, transcreve-se a lição de Luiz Fux:

> A sentença de procedência de natureza constitutiva, derivada de tutela da mesma qualidade, faz exsurgir no mundo do direito um estado jurídico novo, consistente na formação, na modificação ou na extinção de uma relação jurídica; por isso, todas as demandas de anulação e rescisão de negócio jurídico são "constitutivas".[80]

Sua matriz legal é o art. 38 da Lei nº 6.830/1980,[81] a Lei de Execuções Fiscais (LEF), que a ela se refere como ação anulatória do ato declarativo da dívida, vindo este a ser aquele que resulta do procedimento de lançamento, como bem observa Mauro Luís Rocha Lopes.[82]

Da primeira leitura desse dispositivo, sempre surge a dúvida acerca da necessidade ou não de depósito prévio para seu ajuizamento, devido à sua redação. De acordo com entendimento pacífico da jurisprudência, o depósito prévio não constitui requisito indispensável para o ajuizamento da ação anulatória,

---

[80] FUX, Luiz. *Curso de direito processual civil*, 2004, op. cit., p. 45-46.
[81] LEF: "Art. 38. A discussão judicial da Dívida Ativa da Fazenda Pública só é admissível em execução, na forma desta Lei, salvo as hipóteses de mandado de segurança, ação de repetição do indébito ou ação anulatória do ato declarativo da dívida, *esta precedida do depósito preparatório do valor do débito*, monetariamente corrigido e acrescido dos juros e multa de mora e demais encargos" (grifo nosso).
[82] LOPES, Mauro Luís Rocha. *Processo judicial tributário*, 2007, op. cit., p. 281.

mas mera faculdade do contribuinte com o objetivo de suspender a exigibilidade do crédito tributário, como previsto pelo art. 151, II, do CTN.

Tal entendimento, inclusive, resta cristalizado no verbete da Súmula Vinculante nº 28 do Supremo Tribunal Federal, no sentido de que: "É inconstitucional a exigência de depósito prévio como requisito de admissibilidade de ação judicial na qual se pretenda discutir a exigibilidade de crédito tributário".

A ação anulatória pode vir a ser proposta em três momentos: (1) após o lançamento, no curso do processo administrativo fiscal, implicando renúncia à discussão administrativa, como dispõe o parágrafo único do referido art. 38 da LEF (cumpre ressaltar que, nesse caso, a renúncia se dá somente com relação à matéria comum);[83] (2) após o encerramento da discussão administrativa e anteriormente à proposição da execução fiscal; e (3) após o ajuizamento da execução fiscal.

Outrossim, o ajuizamento de ação judicial implica renúncia à discussão em sede administrativa com relação às questões apreciadas na ação judicial. No âmbito federal, o Ato Declaratório Normativo Cosit nº 3/1996 fixa o entendimento acerca desta questão:

> a) a propositura pelo contribuinte, contra a Fazenda, de ação judicial – por qualquer modalidade processual –, antes ou posteriormente à autuação, com o mesmo objeto, importa a renúncia às instâncias administrativas, ou desistência de eventual recurso interposto;
> b) consequentemente, quando diferentes os objetos do processo judicial e do processo administrativo, este terá prosseguimento normal no que se relaciona à matéria diferenciada (p. ex., aspectos formais do lançamento, base de cálculo etc.);

---

[83] Sobre a renúncia à discussão administrativa, ver os comentários feitos no subitem da ação anulatória. Ver, ainda, o acórdão proferido nos autos do REsp nº 840.556/AM.

c) no caso da letra "a", a autoridade dirigente do órgão onde se encontra o processo não conhecerá de eventual petição do contribuinte, proferindo decisão formal, declaratória da definitividade da exigência discutida ou da decisão recorrida, se for o caso, encaminhando o processo para a cobrança do débito, ressalvada a eventual aplicação do disposto no art. l49 do CTN;
d) na hipótese da alínea anterior, não se verificando a ressalva ali contida, proceder-se-á a inscrição em dívida ativa, deixando-se de fazê-lo, para aguardar o pronunciamento judicial, somente quando demonstrada a ocorrência do disposto nos incisos II (depósito do montante integral do débito) ou IV (concessão de medida liminar em mandado de segurança), do art. 151, do CNT; [...][84]

Tal entendimento está alinhado com a interpretação do parágrafo único do art. 38 da Lei nº 6.830/1980. No mesmo sentido do pronunciamento administrativo acima transcrito, é o acórdão prolatado pela Segunda Turma do Superior Tribunal de Justiça nos autos do REsp nº 1.294.946/MG.[85]

Insta destacar a lição de Mauro Luís Rocha Lopes, que faz a seguinte ressalva no que tange à renúncia da esfera administrativa com o ajuizamento de ação anulatória:

> [...] convém deixar claro que o crédito da Fazenda pode ser contestado administrativa e judicialmente ao mesmo tempo, bastando que o contribuinte apresente diferentes fundamentos para cada um dos instrumentos. Por exemplo, é possível que o contribuinte apresente recurso, na esfera administrativa, contra

---

[84] BRASIL. Ministério da Fazenda. Coordenação-Geral de Tributação (Cosit). Ato Declaratório Normativo nº 3, de 14 de fevereiro de 1996. *DOU*, 15 fev. 1996.
[85] BRASIL. Superior Tribunal de Justiça. Segunda Turma. REsp nº 1.294.946/MG. Relator: ministro Mauro Campbell Marques. Julgamento em 28 de agosto de 2012. *DJe*, 3 set. 2012.

indeferimento de perícia por ele requerida em procedimento de apuração de base de cálculo de tributo e, ao mesmo tempo, ajuíze ação contra a Fazenda Pública, questionando exclusivamente a constitucionalidade da exação. Ainda que o Poder Judiciário decida pela validade da lei de tributação, não ficará prejudicada a alegação de violação à ampla defesa no procedimento de lançamento, a ser apreciada pelo órgão recursal administrativo. Em suma, o que o legislador quis vedar, no parágrafo único do art. 38 da LEF, foi a "litispendência" administrativo-judicial, que inexistirá nos casos em que a *causa petendi* não for comum às duas ações.[86]

Tendo em vista as diversas questões oriundas da concorrência de ações versando sobre uma mesma relação obrigacional, serão abordadas duas questões relevantes em tópicos específicos, quais sejam: (1) conexão e continência entre as ações, competência para julgamento das causas e (2) efeitos da suspensão da exigibilidade do crédito tributário.

Competência para julgamento da ação na concorrência de ação ordinária e execução fiscal

Situação muito comum no âmbito estadual no estado do Rio de Janeiro, por exemplo, é a do ajuizamento de ação ordinária perante a 11ª Vara de Fazenda Pública, em razão de sua competência abrangente determinada pelo Codjerj, com o concorrente trâmite de execuções fiscais, eventualmente em comarcas do interior, surgindo assim discussões acerca da competência para julgamento das causas.

---

[86] LOPES, Mauro Luís Rocha. *Processo judicial tributário*: execução fiscal e ações tributárias. 5. ed. Rio de Janeiro: Lumen Juris, 2009. p. 212.

Como se sabe, a competência territorial é relativa, podendo ser modificada pela existência de conexão ou continência entre ações distintas, conforme preconiza o art. 54 do CPC/2015, *verbis*: "A competência relativa poderá modificar-se pela conexão ou pela continência, observado o disposto nesta Seção". Nos termos do referido *codex* processual (art. 55), "Reputam-se conexas 2 (duas) ou mais ações quando lhes for comum o pedido ou a causa de pedir", sendo que os processos de ações conexas serão reunidos para decisão conjunta, salvo se um deles já houver sido sentenciado (art. 55, § 1º).

A conexidade de ações se aplica nas situações em que (1) a execução de título extrajudicial e a ação de conhecimento digam respeito ao mesmo ato jurídico; (2) as execuções se fundem no mesmo título executivo. Note-se que o CPC/2015 também consigna que os processos serão reunidos para julgamento conjunto sempre que houver risco de prolação de decisões conflitantes ou contraditórias, caso decididos separadamente, *mesmo que não haja conexão entre eles*.

Já a continência está disciplinada no art. 56 do atual Código de Processo Civil e se configura sempre que há identidade quanto às partes e à causa de pedir, mas o objeto de uma ação, por ser mais amplo, abrange o das outras.

No entender do ministro Luiz Fux, consagrado no julgamento do Conflito de Competência nº 41.444/AM e ainda se referindo ao CPC de 1973, "a continência é modalidade de conexão, por isso que, mesmo a possibilidade de inconfiabilidade parcial das decisões arrasta o fenômeno da conexão com o seu consectário lógico do julgamento simultâneo (*unum et idem judex*), a teor do art. 105 do CPC".

Também sob a égide ainda do CPC/1973 e sobre a existência de conexão ou continência entre ação declaratória ou anulatória e o processo executivo fiscal, como mencionado anteriormente, o STJ já se manifestou no sentido da existência de tais institutos processuais, como bem ilustra o Conflito de Competência nº 38.045/MA, cuja ementa ora se transcreve:

> PROCESSO CIVIL. EXECUÇÃO FISCAL E AÇÃO ANULATÓRIA DO DÉBITO. CONEXÃO.
> 1. Se é certo que a propositura de qualquer ação relativa ao débito constante do título não inibe o direito do credor de promover-lhe a execução (CPC, art. 585, § 1º), o inverso também é verdadeiro: o ajuizamento da ação executiva não impede que o devedor exerça o direito constitucional de ação para ver declarada a nulidade do título ou a inexistência da obrigação, seja por meio de embargos (CPC, art. 736), seja por outra ação declaratória ou desconstitutiva. Nada impede, outrossim, que o devedor se antecipe à execução e promova, em caráter preventivo, pedido de nulidade do título ou a declaração de inexistência da relação obrigacional.
> 2. Ações dessa espécie têm natureza idêntica à dos embargos do devedor e, quando os antecedem, podem até substituir tais embargos, já que repetir seus fundamentos e causa de pedir importaria litispendência.
> 3. Assim como os embargos, a ação anulatória ou desconstitutiva do título executivo representa forma de oposição do devedor aos atos de execução, razão pela qual quebraria a lógica do sistema dar-lhes curso perante juízos diferentes, comprometendo a unidade natural que existe entre pedido e defesa.
> 4. É certo, portanto, que entre ação de execução e outra ação que se oponha ou possa comprometer os atos executivos, há evidente laço de conexão (CPC, art. 103), a determinar, em nome da segurança jurídica e da economia processual, a reunião dos processos, prorrogando-se a competência do juiz que despachou em primeiro lugar (CPC, art. 106). Cumpre a ele, se for o caso, dar à ação declaratória ou anulatória anterior o tratamento que

daria à ação de embargos com idêntica causa de pedir e pedido, inclusive, se garantido o juízo, com a suspensão da execução.[87]

Uma vez confirmada a existência de conexão ou continência entre as ações, importa determinar o juízo competente para a apresentação da exceção de incompetência, que determinaria a reunião das ações. Consoante o CPC/2015 a prevenção nesses casos se apura conforme as regras dos arts. 57 a 59, *verbis*:

> Art. 57. Quando houver continência e a ação continente tiver sido proposta anteriormente, no processo relativo à ação contida será proferida sentença sem resolução de mérito, caso contrário, as ações serão necessariamente reunidas.
>
> Art. 58. A reunião das ações propostas em separado far-se-á no juízo prevento, onde serão decididas simultaneamente.
>
> Art. 59. O registro ou a distribuição da petição inicial torna prevento o juízo.

Efeitos do ajuizamento de ação ordinária com suspensão da exigibilidade do crédito tributário sobre a execução fiscal

A jurisprudência tem evoluído significativamente no delineamento dos efeitos da suspensão da exigibilidade do crédito tributário no curso de ação ordinária com relação ao trâmite do processo executivo fiscal.

Consoante o lecionado em capítulo anterior, o processo executivo é ajuizado com base em título executivo extrajudicial,

---

[87] BRASIL. Superior Tribunal de Justiça. Primeira Seção. CC nº 38.045/MA. Relatora: ministra Eliana Calmon. Relator p/ acórdão: ministro Teori Albino Zavascki. Julgamento em 12 de novembro de 2003. *DJ*, 9 dez. 2003, p. 202. No mesmo sentido: BRASIL. Superior Tribunal de Justiça. Primeira Turma. REsp nº 787.408/RS. Relator: ministro José Delgado. Julgamento em 20 de abril de 2006. *DJ*, 22 maio 2006, p. 167.

a certidão de dívida ativa, que faz presumir a liquidez e a certeza do crédito tributário, conferindo-lhe executoriedade.

Os questionamentos iniciam-se com o ajuizamento de ações ordinárias nas quais se discutam essa liquidez e certeza. Por diversos meios, no curso da ação de conhecimento, pode o contribuinte obter a suspensão da exigibilidade do crédito tributário, cujas hipóteses estão previstas no art. 151 do CTN. O que se pergunta é: quais os efeitos dessa suspensão da exigibilidade perante a regular tramitação do processo executivo fiscal?

A questão é controversa. Quando se trata de hipótese de suspensão da exigibilidade com a efetivação do depósito integral do débito tributário (art. 151, II), o montante depositado fica vinculado ao deslinde do processo. Transitando em julgado sentença procedente à pretensão do contribuinte, o valor depositado é levantado em seu favor. Contudo, na hipótese de improcedência da demanda, o montante depositado será convertido em renda da Fazenda Pública, extinguindo o crédito tributário nos termos do art. 156 do CTN.

Ao se apreciar a hipótese de suspensão da exigibilidade do crédito tributário por decisão liminar, considerados os elementos para sua concessão (art. 151, V, do CTN), ainda careceria o título de exigibilidade, sem que, entretanto, houvesse qualquer garantia para a satisfação do crédito tributário na hipótese de improcedência da demanda.

Em precedente no qual se analisou tal questão, o STJ assim se posicionou:

> PROCESSUAL CIVIL E TRIBUTÁRIO. ANTECIPAÇÃO DE TUTELA EM AÇÃO ANULATÓRIA DE DÉBITO FISCAL. SUSPENSÃO DA EXIGIBILIDADE DO CRÉDITO. ART. 151, INCISO V, DO CTN. EXTINÇÃO DA EXECUÇÃO FISCAL. FALTA DE PREQUESTIONAMENTO. SÚMULAS Nºs 282 E 356/STF.

I - A matéria suscitada nas razões do apelo especial, presente no artigo 202 do CTN, não foi objeto de debate no Tribunal de origem, faltando-lhe o necessário prequestionamento, a fim de que pudesse ser analisada por este Sodalício, sendo que a recorrente deixou de opor embargos de declaração do julgado vergastado, o que abriria a oportunidade de verificação de possível omissão no aresto. Incidência das Súmulas n°s 282 e 356 do STF.

II - Esta Corte já se manifestou no sentido de que, suspensa a exigibilidade do débito fiscal, notadamente pelo depósito de seu montante integral (art. 151, inciso II, do CTN), em ação anulatória de débito fiscal, deve ser extinta a execução fiscal ajuizada posteriormente; se a ação executória fiscal foi proposta antes da anulatória, aquela resta suspensa até o final desta última *actio*. Precedentes: REsp nº 677.212/PE, Rel. Min. TEORI ALBINO ZAVASCKI, DJ de 17/10/05; REsp nº 725.396/RS, Rel. Min. JOSÉ DELGADO, DJ de 12/09/05 e REsp nº 255.701/SP, Rel. Min. FRANCIULLI NETTO, DJ de 09/08/04.

III - *In casu*, trata-se de antecipação de tutela em ação anulatória, previsão do art. 151, inciso V, do CTN, concedida anteriormente à ação executiva fiscal, o que obsta também, na esteira da jurisprudência *deste* Sodalício, a propositura da execução fiscal, mormente se tratar, da mesma forma, de suspensão da exigibilidade do débito fiscal.

IV - Recurso especial conhecido em parte e, nesse ponto, improvido.[88]

Não obstante o posicionamento firme expressado no precedente acima, ulteriormente foi prolatado o seguinte acórdão, que acrescentou algumas ponderações na análise da matéria:

---

[88] BRASIL. Superior Tribunal de Justiça. Primeira Turma. REsp nº 789.920/MA. Relator: ministro Francisco Falcão. Julgamento em 16 de fevereiro de 2006. *DJ*, 6 mar. 2006.

EXECUÇÃO FISCAL. PROPOSITURA ANTERIOR AO DEPÓSITO INTEGRAL EM AÇÃO ANULATÓRIA. SUSPENSÃO DA EXECUÇÃO FISCAL.

I - Conforme diversos julgados desta Corte, apenas o depósito integral anterior à propositura da execução tem o condão de extingui-la, uma vez que falta à CDA um dos elementos de título executivo, qual seja, exigibilidade. No caso concreto, a execução fiscal foi proposta em 13.08.2002 e a suspensão da exigibilidade do crédito se deu em 21.08.2002 com seu depósito integral. Assim, como o depósito integral foi feito após a propositura do processo executivo, de rigor que este seja apenas suspenso, ao invés de extinto. Precedentes: REsp nº 255.701/SP, Rel. Min. FRANCIULLI NETTO, DJ de 09.08.2004; REsp nº 789.920/MA, Rel. Min. FRANCISCO FALCÃO, DJ de 06.03.2006.

II - Outrossim, é temerário permitir-se que se extinga o executivo fiscal, desconstituindo, assim, penhoras ou arrestos porventura existentes, antes que ocorra a conversão do depósito em renda, pois não se sabe o deslinde que irá tomar a ação anulatória devidamente garantida pelo depósito integral.

III - Há situações em que é possível se propor a ação anulatória, depositar o valor integral do débito e este poder ser levantado pelo autor, sem julgamento do mérito da ação. Em casos assim, caso seja extinta a execução, restaria partida a pretensão executória da recorrente. Precedentes: REsp nº 502.627/PR, Rel. Min. FRANCISCO FALCÃO, DJ de 22.03.2004; REsp nº 825.884/DF, Rel. Min. TEORI ALBINO ZAVASCKI, DJ de 15.05.2006; REsp nº 543.442/PI, Rel. Min. ELIANA CALMON, DJ de 21.06.2004.

IV - Agravo regimental improvido.[89]

---

[89] BRASIL. Superior Tribunal de Justiça. Primeira Turma. AgRg no REsp nº 1.057.717/RS. Relator: ministro Francisco Falcão. Julgamento em 18 de setembro de 2008. *DJe*, 6 out. 2008. Ver também: STJ. Primeira Seção. REsp nº 1.140.956/SP. Relator: ministro Luiz Fux. Julgamento em 24 de novembro de 2010. *DJe*, 3 dez. 2010.

Vistos os temperamentos apresentados nos precedentes acima, são alcançadas as seguintes conclusões:

1) em caso de ajuizamento de ação anulatória com suspensão da exigibilidade anteriormente ao ajuizamento da execução fiscal, é possível pleitear-se a extinção da execução;
2) no entanto, tal pleito carece de força, sobretudo, com relação à hipótese de suspensão da exigibilidade por tutela *in limine*;
3) conjugando os princípios que regem a execução fiscal, que almeja a satisfação da pretensão do exequente, e os efeitos da suspensão da exigibilidade do crédito tributário sobre o título executivo, seria razoável a suspensão do curso da execução fiscal até o deslinde da ação ordinária, ao invés de sua extinção.

Corroborando as ponderações apresentadas neste tópico com a análise da conexão apresentada no tópico anterior, apresenta-se o seguinte precedente do Tribunal Regional Federal da Segunda Região:

> TRIBUTÁRIO. AGRAVO INTERNO EM AGRAVO DE INSTRUMENTO. EXECUÇÃO FISCAL. AÇÃO ANULATÓRIA. CONEXÃO. SUSPENSÃO DA EXIGIBILIDADE DO CRÉDITO. DEPÓSITO INTEGRAL.
> 1. Hipótese em que a execução fiscal encontra-se devidamente garantida pelo depósito do valor integral do débito, devendo permanecer suspensa até o julgamento final da ação anulatória, cuja natureza se equipara a dos embargos à execução.
> 2. A ação anulatória e a ação de execução são conexas, de sorte que aquela, ajuizada anteriormente, exerce sobre esta influência prejudicial, o que recomenda a reunião dos feitos para que sejam julgados pelo mesmo juízo, a fim de se evitar a prolação de decisões conflitantes (Cf. STJ, REsp 758270, Rel. Min. Luiz Fux, DJ 04.06.2007).
> 3. Desse modo, a execução não é eivada de nulidade, como sustenta a agravante, devendo apenas ter o curso suspenso

até a conclusão da ordinária, uma vez que o juízo encontra-se devidamente garantido.
4. Agravo interno improvido.[90]

Esse precedente destaca a relação de prejudicialidade entre as ações, concluindo pela necessidade de suspensão da execução até a conclusão da ação ordinária na qual se suspendeu a exigibilidade do crédito tributário, no caso, pela efetivação do depósito integral.

No que se refere ao ajuizamento de ação anulatória após o ajuizamento da execução fiscal, embora existam algumas posições conflitantes, destacamos abaixo decisão do STJ, que garante ao contribuinte tal possibilidade:

> PROCESSO CIVIL. EXECUÇÃO FISCAL. POSTERIOR AJUIZAMENTO DE AÇÃO ANULATÓRIA DO LANÇAMENTO. POSSIBILIDADE. EXISTÊNCIA DE CONEXÃO ENTRE AS DEMANDAS. SUSPENSÃO DA EXIGIBILIDADE DO CRÉDITO. NECESSIDADE DA GARANTIA DO JUÍZO OU DO DEPÓSITO INTEGRAL DO VALOR DA DÍVIDA.
> 1. É firme a jurisprudência do STJ no sentido de que o ajuizamento de Execução Fiscal não obsta que o devedor exerça o direito constitucional de ação para ver declarada a nulidade do título ou a inexistência da obrigação.
> 2. Nessa hipótese, deve haver a reunião das ações por conexão para possibilitar o julgamento simultâneo e evitar decisões conflitantes. Precedentes do STJ.
> 3. Contudo a suspensão do executivo fiscal subordina-se à garantia do juízo ou ao depósito do valor integral da dívida, nos termos do art. 151 do CTN.

---

[90] BRASIL. Tribunal Regional Federal. Segunda Região. Terceira Turma Especializada. AG nº 157.625/RJ (2007.02.01.009934-9). Relator: desembargador Luiz Mattos. Julgamento em 29 de abril de 2008. *DJU*, 9 maio 2008.

4. Agravo regimental não provido.[91]

No que se refere à concomitância de ação anulatória e embargos do devedor, entende James Marins[92] que

> o objeto da ação executiva não se confunde com o objeto da ação de embargos do devedor ou com o pedido de ação anulatória de débito fiscal [...] por outro lado, pode haver, além da identidade das partes, a coincidência entre a causa de pedir e o pedido de modo que exsurja a relação de litispendência.

Assim, restam abordados os aspectos mais relevantes da ação anulatória.

Questões de automonitoramento

1) Após ler este capítulo, você é capaz de resumir o caso gerador do capítulo 4, identificando os problemas atinentes e as soluções cabíveis para os diferentes cenários?
2) Discorra sobre os efeitos da suspensão da exigibilidade do crédito tributário em sede de ação ordinária sobre a ação de execução fiscal.
3) Quais as questões processuais advindas da concorrência de ação ordinária e ação executiva fiscal? Discorra sobre as mesmas.
4) Pense e descreva, mentalmente, alternativas para a solução do caso gerador.

---

[91] BRASIL. Superior Tribunal de Justiça. Segunda Turma. AgRg no REsp nº 822.491/RR (2006/0037440-0). Relator: ministro Herman Benjamin. Julgamento em 4 de dezembro de 2008. *DJe*, 13 mar. 2009.
[92] MARINS, James. *Direito processual tributário brasileiro (administrativo e judicial)*, 2010, op. cit., p. 440.

4

Sugestões de casos geradores

Execução fiscal: dívida ativa (cap. 1)

Após a inscrição, na dívida ativa estadual, de suposto débito de ICMS lançado contra determinada empresa, a sociedade vem a ser citada em execução fiscal para que efetue o pagamento em cinco dias, ou ofereça bens a penhora.

No mesmo dia em que recebe a citação, o administrador dessa empresa comparece ao seu escritório informando que pretende oferecer único imóvel residencial, pertencente a um dos sócios da sociedade devedora, para garantia do executivo, tendo em vista que a empresa, apesar de possuir conta bancária com valor suficiente para garantir o débito, está passando por dificuldades financeiras e vem utilizando a referida verba para manter suas atividades em vista de seu baixo faturamento mensal.

Informa que, caso o bem imóvel não seja utilizado para garantia, a penhora mensal de no máximo 5% do faturamento poderá ser efetivada para garantia da execução sem comprometer os compromissos financeiros assumidos, e que tal situação pode ser atestada através de parecer contábil.

Como advogado, você é consultado acerca dos seguintes pontos:

1) O único imóvel residencial do sócio, terceiro que não figura na execução fiscal, poderá ser aceito em garantia da execução fiscal?
2) Caso o bem imóvel seja oferecido em garantia, qual será o momento do início do prazo de 30 dias para apresentação dos embargos à execução fiscal?
3) A empresa poderá oferecer a penhora sobre 5% do seu faturamento mensal?
4) No caso de penhora sobre o faturamento, o momento para oferecer os embargos à execução será apenas quando a penhora atingir integralidade do valor da execução?
5) Há risco de ocorrer "penhora *on-line*" sobre conta bancária da empresa, caso ela ofereça o bem imóvel em garantia ou a penhora sobre faturamento e não efetue o depósito integral no prazo de cinco dias?

Execução fiscal: defesas do contribuinte. Embargos, exceção (cap. 2)

Após ser inscrito na dívida ativa estadual em virtude de suposto débito de ICMS, certo contribuinte vem a ser surpreendido por citação nos autos de execução fiscal para pagar o débito ou garantir o juízo no prazo de cinco dias. Após oferecer carta de fiança bancária aceita pelo estado, o contribuinte interpôs embargos à execução. Ao receber os referidos embargos, o juiz profere o seguinte despacho: "Recebo os embargos e suspendo a execução".

Discorra sobre os seguintes pontos:

1) À luz da legislação de regência, está correto o referido despacho?

2) Pode o estado requerer a execução da carta de fiança bancária antes do trânsito em julgado dos embargos?

Ações: ação anulatória/ação declaratória (cap. 3)

Certo contribuinte industrial apropria-se de créditos de ICMS sobre aquisição de combustíveis destinados à sua frota própria de distribuição dos produtos industrializados, por considerá-lo insumo de sua atividade. Ao fiscalizar o estabelecimento do contribuinte, o fisco estadual glosa os referidos créditos por entender que o combustível não integra a atividade industrial, sendo material de uso e consumo, utilizado na atividade de distribuição alheia à atividade-fim da sociedade. Inconformado, o contribuinte defende-se na esfera administrativa, sem êxito, vindo o crédito tributário a ser inscrito na dívida ativa estadual.

Supondo que você seja convocado a orientar juridicamente a sociedade, analise sua situação considerando dois cenários distintos:

1) O cliente quer que o Poder Judiciário reconheça que o combustível é material de uso e consumo para utilizar em futuros casos.
2) Distribuição da execução fiscal posteriormente à distribuição e citação do estado na ação anulatória de débito fiscal que abordou todos os argumentos de defesa e na qual se obteve a suspensão da exigibilidade do crédito tributário nos termos do art. 151, II, do CTN.

Conclusão

De todos os temas de estudo apreciados até aqui, é possível concluir que o processo administrativo fiscal (PAF) apresenta especificidades tais que exige do operador do direito *expertise* técnica diferenciada, a fim de que – lastreado pelos princípios norteadores do procedimento em tela – possa identificar quais as ferramentas processuais adequadas para o contencioso administrativo, manejando requerimentos e recursos hierárquicos próprios, bem como consiga reconhecer as situações em que será viável beneficiar-se dos institutos da consulta e da compensação tributária.

No âmbito do litígio judicial tributário, pela ótica do contribuinte como polo ativo da relação processual, o presente material acadêmico objetivou apresentar questões atuais, no plano tanto doutrinário quanto jurisprudencial, sobre as ações exacionais e antiexacionais, demonstrando suas características principais, condições de admissibilidade, legitimidade, causa de pedir, processamento e como se dá o cumprimento de sentença. Isso foi feito com o cuidado de espelhar o entendimento de nossos tribunais, de forma a prover as linhas mestras das teses jurídicas possíveis para o oferecimento da solução mais ajustada aos casos concretos.

Com a mesma atualidade e abordagem panorâmica, enfrentaram-se as particularidades do atuar da Fazenda Pública no processo executivo fiscal, desde a fase interna de inscrição em dívida ativa dos valores devidos ao fisco até o momento externo de ajuizamento da ação de execução fiscal propriamente dita. Destaca-se inclusive que, nesse ponto, foram abordados, de forma percuciente, os expedientes processuais que viabilizam a defesa do contribuinte que, opondo embargos ou exceção de pré-executividade, contrapõe-se à pretensão fazendária de cobrança do crédito fiscal.

Portanto, o desiderato deste estudo foi o de contribuir para a formação acadêmica e prática de seu público-alvo, fornecendo elementos técnico-jurídicos que aprimorem o exercício da atividade profissional daqueles que atuam em seara tributária, aparelhando-os do instrumental necessário para disponibilizar aos contribuintes soluções adequadas quando inaugurados litígios judiciais ou administrativos no campo fiscal.

Referências

AMARAL, Diogo Freitas. *Conceito e natureza do recurso hierárquico.* 2. ed. Coimbra: Almedina, 2005.

AMARAL, Gustavo; MELO, Danielle; PEREIRA, Alberto. As alterações da Lei nº 11.382 e sua repercussão sobre a Lei de Execuções Fiscais. *Revista Dialética de Direito Tributário*, São Paulo, n. 143, p. 7-14, ago. 2007.

AMARO, Luciano. *Direito tributário brasileiro.* 9. ed. São Paulo: Saraiva, 2003.

ASSIS, Araken. *Manual do processo de execução.* 12. ed. São Paulo: Revista dos Tribunais, 2009.

ÁVILA, Humberto. *Sistema constitucional tributário.* São Paulo: Saraiva, 2004.

BARBI, Celso Agrícola. *Do mandado de segurança.* 6. ed. Rio de Janeiro: Forense, 1993.

BARROSO, Luis Roberto. *Interpretação e aplicação da Constituição.* Rio de Janeiro: Saraiva, 2009.

BASTOS, Celso Ribeiro. *Do mandado de segurança.* São Paulo: Saraiva, 1978.

BUENO, Cássio Scarpinella. *Mandado de segurança*. São Paulo: Saraiva, 2009.

BUZAID, Alfredo. *Do mandado de segurança*. São Paulo: Saraiva, 1989. v. 1.

CABRAL, Antônio da Silva. *Processo administrativo fiscal*. São Paulo: Saraiva, 1993.

CAIS, Cleide Previtalli. *O processo tributário*. 5. ed. São Paulo: Revista dos Tribunais, 2007.

CARNEIRO, Athos Gusmão. O mandado de segurança coletivo e suas características básicas. *Revista Forense*, Rio de Janeiro, v. 87, n. 316, p. 35-47, out./dez. 1991.

CARNEIRO, Daniel Zanetti Marques. Exclusão do parcelamento especial (Paes) por inadimplemento parcial das prestações mensais. *Revista Dialética de Direito Tributário*, São Paulo, n. 141, p. 56-61, jun. 2007.

CARVALHO FILHO, José dos Santos. *Processo administrativo federal*. Rio de Janeiro: Lumen Juris, 2001.

_____. *Manual de direito administrativo*. Rio de Janeiro: Lumen Juris, 2006.

COÊLHO, Sacha Calmon Navarro. Denúncia espontânea – seus efeitos. Interpretação do art. 138 do CNT (Lei 5.172, de 25/10/66). *Revista de Direito Tributário*, São Paulo, v. 5, p. 261-270, 1978.

CRETELLA JR., José. *Comentários à Lei do Mandado de Segurança*. Rio de Janeiro: Forense, 1989.

DANTAS, Francisco Wildo Lacerda. A questão da decadência do mandado de segurança. *Revista dos Tribunais*, São Paulo, n. 43, p. 46-52, out./dez. 1994.

DINAMARCO, Cândido Rangel. *Instituições de direito processual civil*. São Paulo: Malheiros, 2001. v. 1.

_____. Suspensão do mandado de segurança pelo presidente do tribunal. *Revista Forense*, Rio de Janeiro, v. 27, n. 105, p. 191-206, jan./mar. 2002.

_____; GRINOVER, Ada Pellegrini; CINTRA, Antonio Carlos de Araújo. *Teoria geral do processo*. 18. ed. São Paulo: Malheiros, 2002.

FAGUNDES, Seabra. *O controle dos atos administrativos pelo Poder Judiciário.* 4. ed. Rio de Janeiro: Forense, 1967.

____. *O controle dos atos administrativos pelo Poder Judiciário.* 6. ed. São Paulo: Saraiva, 1984.

FALCÃO, Amílcar de Araújo. *Introdução ao direito administrativo.* São Paulo: Resenha Universitária, 1977.

FERREIRA, Sérgio de Andréa. Ampla defesa no processo administrativo. *Revista de Direito Público*, São Paulo, v. 5, n. 19, p. 60-68, jan./mar. 1972.

FIGUEIREDO, Lucia Valle. A liminar no mandado de segurança. In: ____ et al. *Curso de mandado de segurança.* São Paulo: RT, 1986.

____. *A autoridade coatora e o sujeito passivo do mandado de segurança.* São Paulo: RT, 1991.

____. *Mandado de segurança.* São Paulo: Malheiros, 1996.

FISCHER, Octavio Campos. *Os efeitos da declaração de inconstitucionalidade no direito tributário brasileiro.* Rio de Janeiro: Renovar, 2004.

FRIEDE, Reis. *Medidas liminares em matéria tributária.* 3. ed. São Paulo: Saraiva, 2005.

FUX, Luiz. *Curso de direito processual civil.* Rio de Janeiro: Forense, 2004.

GONÇALVES, Eduardo Luz. A penhora on-line no âmbito do processo de execução fiscal. *Revista Dialética de Direito Tributário*, São Paulo, n. 148, p. 23-35, jan. 2008.

GRECO, Marco Aurélio; PONTES, Helenilson Cunha. *Inconstitucionalidade da lei tributária*: repetição do indébito. São Paulo: Dialética, 2002.

GRINOVER, Ada Pellegrini et al. *As nulidades no processo penal.* São Paulo: Revista dos Tribunais, 1998.

HOLLIDAY, Gustavo Calmon. A fraude de execução fiscal após a nova redação do art. 185 do CTN. *Revista Dialética de Direito Tributário*, São Paulo, n. 143, p. 38-47, ago. 2007.

JUSTEN FILHO, Marçal. Considerações sobre o processo administrativo fiscal. *Revista Dialética de Direito Tributário*, São Paulo, n. 33, p. 108-132, 1998.

LOPES, Mauro Luís Rocha. *Execução fiscal e ações tributárias*. 2. ed. Rio de Janeiro: Lumen Juris, 2003.

_____. *Mandado de segurança*: doutrina, jurisprudência, legislação. Niterói: Impetus, 2004.

_____. *Processo judicial tributário*: execução fiscal e ações tributárias. 4. ed. Rio de Janeiro: Lumen Juris, 2007.

_____. *Processo judicial tributário*: execução fiscal e ações tributárias. 5. ed. Rio de Janeiro: Lumen Juris, 2009.

MACHADO, Hugo de Brito. *Mandado de segurança em matéria tributária*. São Paulo: RT, 1994.

_____. *Curso de direito tributário*. 27. ed. São Paulo: Malheiros, 2005.

_____. *Mandado de segurança em matéria tributária*. 6. ed. São Paulo: Dialética, 2006.

_____. Confissão irretratável de dívida tributária nos pedidos de parcelamento. *Revista Dialética de Direito Tributário*, São Paulo, n. 145, p. 47-53, out. 2007.

_____. Embargos à execução fiscal: prazo para interposição e efeito suspensivo. *Revista Dialética de Direito Tributário*, São Paulo, n. 151, p. 49-58, abr. 2008.

_____. *Mandado de segurança em matéria tributária*. 7. ed. São Paulo: Dialética, 2009a.

_____. *Mandado de segurança em matéria tributária*. 8. ed. São Paulo: Dialética, 2009b.

MACHADO SEGUNDO, Hugo de Brito. *Processo tributário*. 3. ed. São Paulo: Atlas, 2008.

_____; MACHADO, Raquel Cavalcanti Ramos Machado. A reforma no CPC e a suspensão da execução fiscal pela oposição dos embargos suspensivos. *Revista Dialética de Direito Tributário*, São Paulo, n. 151, p. 59-67, abr. 2008.

MARINS, James. *Direito processual tributário brasileiro*. 4. ed. São Paulo: Dialética, 2005.

_____. *Direito processual tributário brasileiro (administrativo e judicial).* 5. ed. São Paulo: Dialética, 2010.

MAZLOUM, Ali. O prazo para impetração do mandado de segurança. *Revista Jurídica*, Porto Alegre, v. 41, n. 186, p. 40-44, abr. 1993.

MEDAUAR, Odete. *Direito administrativo moderno.* 5. ed. São Paulo: Revista dos Tribunais, 2001.

MEIRELLES, Hely Lopes. *Mandado de segurança.* 31. ed. atual. Arnoldo Wald e Gilmar Ferreira Mendes. São Paulo: Malheiros, 2008.

MOREIRA, José Carlos Barbosa. Os limites objetivos da coisa julgada no sistema do novo Código de Processo Civil. *Revista Forense*, Rio de Janeiro, v. 70, n. 246, p. 30-33, abr./jun. 1974.

_____. *O novo processo civil brasileiro.* 22. ed. Rio de Janeiro: Forense, 2004.

NEDER, Marcos Vinicius; LÓPEZ, Maria Teresa Martínez. *Processo administrativo fiscal federal comentado.* 2. ed. São Paulo: Dialética, 2004.

_____; _____. *Processo administrativo fiscal federal comentado.* 3. ed. São Paulo: Dialética, 2010.

NOBRE JR., Edílson Pereira. Algumas considerações sobre a medida liminar em mandado de segurança. *Revista Jurídica da Procuradoria Geral da Fazenda Estadual (estado de Minas Gerais)*, Belo Horizonte, v. 7, p. 9-26, jul./set. 1992.

NUNES, Cleucio Santos. *Curso de direito processual tributário.* São Paulo: Dialética, 2010.

OLIVEIRA, Eduardo Ribeiro de. Recursos em mandado de segurança. In: TEIXEIRA, Sálvio de Figueiredo (Coord.). *Mandados de segurança e de injunção.* São Paulo: Saraiva, 1990. p. 277-290.

ORLAND, Breno Ladeira Kingma (Org.). *Execução fiscal*: aspectos polêmicos na visão de juízes, advogados e procuradores. Rio de Janeiro: Lumen Juris, 2008a.

_____. Processo judicial tributário decorrente de compensações não administradas pela Secretaria da Receita Federal. In: _____. *Execução fiscal*: aspectos polêmicos na visão de juízes, procuradores e advogados. Rio de Janeiro: Lumen Juris, 2008b.

PACHECO, José da Silva. *O mandado de segurança e outras ações constitucionais típicas*. 2. ed. São Paulo: RT, 1990.

_____. *Comentários à Lei de Execução Fiscal*. 11. ed. São Paulo: Saraiva, 2008.

_____. *Comentários à Lei de Execução Fiscal*. 12. ed. São Paulo: Saraiva, 2009.

PAIVA, Ormezindo Ribeiro de. Delegacias da Receita Federal de Julgamento e evolução das normas do processo administrativo fiscal. In: ROCHA, Valdir de Oliveira (Coord.). *Processo administrativo fiscal*. São Paulo: Dialética, 1999. v. 4.

PAULSEN, Leandro. *Direito tributário*: Constituição e Código Tributário à luz da doutrina e da jurisprudência. 10. ed. rev. e atual. Porto Alegre: Livraria do Advogado, 2008.

_____. *Direito processual tributário*. Porto Alegre: Livraria do Advogado, 2010.

PEIXOTO, Marcelo Magalhães; DIAS, Karem Jureidini. *Compensação tributária*. São Paulo: MP, 2007.

RIBEIRO, Diego Diniz. A suspensividade dos embargos na execução fiscal: a (não) incidência do novo art. 739 do CPC. *Revista Dialética de Direito Processual*, São Paulo, n. 61, p. 9-21, abr. 2008.

RIBEIRO, Ricardo Lodi. *A segurança jurídica do contribuinte*: legalidade, não surpresa e proteção à confiança legítima. Rio de Janeiro: Lumen Juris, 2008.

_____. *Temas de direito constitucional tributário*. Rio de Janeiro: Lumen Juris, 2009.

ROCHA, Sergio André. (Coord.). *Processo administrativo tributário*: estudos em homenagem ao professor Aurélio Pitanga Seixas Filho. São Paulo: Quartier Latin, 2007.

_____. *Processo administrativo fiscal*: o controle administrativo do lançamento tributário. 3. ed. Rio de Janeiro: Lumen Juris, 2009.

ROCHA, Valdir de Oliveira. *A consulta fiscal*. São Paulo: Dialética, 1996.

RODRIGUES, Rodrigo Dalcin. Análise da suspensão da execução fiscal sob o prisma dos fatos, da finalidade das leis, da sua aplicação razoável e da coerência do ordenamento. *Revista Dialética de Direito Tributário*, São Paulo, n. 153, p. 77-86, jun. 2008.

SALVADOR, Antonio Raphael Silva; SOUZA, Osni. *Mandado de segurança*: doutrina e jurisprudência. São Paulo: Atlas, 1998.

SANTIAGO, Igor Mauler; BREYNER, Frederico Menezes. Eficácia suspensiva dos embargos à execução fiscal em face do art. 739-A do Código de Processo Civil. *Revista Dialética de Direito Tributário*, São Paulo, n. 145, p. 54-69, out. 2007.

SCHIMIDT JR., Roberto Eurico. *Mandado de segurança*. Curitiba: Juruá, 1993.

TÁCITO, Caio. Contrato administrativo: alteração quantitativa e qualitativa; limites de valor. *Boletim de Licitações e Contratos*, São Paulo, n. 3, 1997.

THEODORO JR., Humberto. *Curso de direito processual civil*. 35. ed. Rio de Janeiro: Forense, 2003. v. II.

____. *Lei de Execução Fiscal*. 11. ed. São Paulo: Saraiva, 2009.

TORRES, Ricardo Lobo. *Curso de direito tributário*. 12. ed. Rio de Janeiro: Renovar, 2005.

____. *Curso de direito financeiro e tributário*. 14. ed. Rio de Janeiro: Renovar, 2007.

XAVIER, Alberto. *Do lançamento*: teoria geral do ato, do procedimento e do processo tributário. 2. ed. Rio de Janeiro: Forense, 2002.

____ *Princípios do processo administrativo e judicial tributário*. Rio de Janeiro: Forense, 2005a.

____. *Do lançamento tributário no direito tributário brasileiro*. 3. ed. Rio de Janeiro: Forense, 2005b.

Organizadores

Na contínua busca pelo aperfeiçoamento de nossos programas, o Programa de Educação Continuada da FGV DIREITO RIO adotou o modelo de sucesso atualmente utilizado nos demais cursos de pós-graduação da Fundação Getulio Vargas, no qual o material didático é entregue ao aluno em formato de pequenos manuais. O referido modelo oferece ao aluno um material didático padronizado, de fácil manuseio e graficamente apropriado, contendo a compilação dos temas que serão abordados em sala de aula durante a realização da disciplina.

A organização dos materiais didáticos da FGV DIREITO RIO tem por finalidade oferecer o conteúdo de preparação prévia de nossos alunos para um melhor aproveitamento das aulas, tornando-as mais práticas e participativas.

Joaquim Falcão – diretor da FGV DIREITO RIO

Doutor em educação pela Université de Génève. *Master of Laws* (LL.M) pela Harvard University. Bacharel em direito pela

Pontifícia Universidade Católica do Rio de Janeiro (PUC-Rio). Diretor da Escola de Direito do Rio de Janeiro da Fundação Getulio Vargas (FGV DIREITO RIO).

Sérgio Guerra – vice-diretor de ensino, pesquisa e pós-graduação da FGV DIREITO RIO

Pós-doutor em administração pública pela Ebape/FGV. Doutor e mestre em direito. *Visiting researcher* na Yale Law School (2014). Coordenador do curso International Business Law – University of California (Irvine). Editor da *Revista de Direito Administrativo* (RDA). Consultor jurídico da OAB/RJ (Comissão de Direito Administrativo). Professor titular de direito administrativo, coordenador do mestrado em direito da regulação e vice-diretor de ensino, pesquisa e pós-graduação da FGV DIREITO RIO.

Rafael Alves de Almeida – coordenador de pós-graduação *lato sensu* da FGV DIREITO RIO

Doutor em políticas públicas, estratégias e desenvolvimento pelo Instituto de Economia da Universidade Federal do Rio de Janeiro (UFRJ). *Master of Laws* (LL.M) em *international business law* pela London School of Economics and Political Science (LSE). Mestre em regulação e concorrência pela Universidade Candido Mendes (Ucam). Formado pela Escola de Magistratura do Estado do Rio de Janeiro (Emerj). Bacharel em direito pela UFRJ e em economia pela Ucam.

Colaboradores

Os cursos de pós-graduação da FGV DIREITO RIO foram realizados graças a um conjunto de pessoas que se empenhou para que eles fossem um sucesso. Nesse conjunto bastante heterogêneo, não poderíamos deixar de mencionar a contribuição especial de nossos professores e assistentes de pesquisa em compartilhar seu conhecimento sobre questões relevantes ao direito. A FGV DIREITO RIO conta com um corpo de professores altamente qualificado que acompanha os trabalhos produzidos pelos assistentes de pesquisa envolvidos em meios acadêmicos diversos, parceria que resulta em uma base didática coerente com os programas apresentados.

Nosso especial agradecimento aos colaboradores da FGV DIREITO RIO que participaram deste projeto:

Bianca Ramos Xavier

Doutoranda em direito tributário na Pontifícia Universidade Católica de São Paulo (PUC-SP). Mestre em direito tributário pela Universidade Candido Mendes (Ucam). Sócia coordenadora do setor tributário da Siqueira Castro Advogados, no Rio de Janeiro. Diretora da Sociedade Brasileira de Direito Tributário (SBDT).

Doris Canen

LL.M em tributação internacional pela Kings College London. Pós-graduada em direito tributário pela FGV. Consultora sênior em tributação internacional na Ernst & Young Auditores Independentes (EY) – correspondente do Brasil no International Bureau of Fiscal Documentation (IBFD), Amsterdã.

Eduardo Maccari Telles

Mestre em direito tributário pela Universidade Candido Mendes (Ucam). Procurador do estado do Rio de Janeiro. Advogado no Rio de Janeiro e sócio de Tauil & Chequer Advogados. Associado a Mayer Brown LLP. Coordenador e professor de direito tributário em cursos de pós-graduação da FGV. Professor de direito tributário em cursos de pós-graduação da Pontifícia Universidade Católica do Rio de Janeiro (PUC-Rio), da Ucam, da Universidade Federal Fluminense (UFF), da Escola da Magistratura do Estado do Rio de Janeiro (Emerj) e do Instituto Brasileiro de Mercado de Capitais (Ibmec).

Eliana Pulcinelli

Doutora em direito e mestre em direito público (relações jurídico-tributárias) pela Universidade Estácio de Sá (Unesa). Pós-graduada em direito administrativo e administração pública pela Unesa. Professora de direito tributário (FGV Law Program) e professora titular de direito tributário do curso de graduação em direito no Ibmec/RJ. Exerceu o cargo de subsecretária de Justiça e Cidadania do Estado do Rio de Janeiro, ocupando atualmente o cargo de assessora de órgão julgador, vinculada à Assessoria Direta aos Desembargadores no Tribunal de Justiça do Estado do Rio de Janeiro.

Lycia Braz Moreira

Advogada especializada em direito tributário, formada pela Universidade do Estado do Rio de Janeiro (Uerj). Mestre em direito tributário pela Universidade Candido Mendes (Ucam). Especialista em direito tributário pelo Instituto Brasileiro de Estudos Tributários (Ibet). Professora dos cursos de pós-graduação em direito tributário da FGV, da Pontifícia Universidade Católica do Rio de Janeiro (PUC-Rio) e da Universidade Federal Fluminense (UFF), além de coordenadora do curso de pós-graduação em direito tributário da Ucam. Presidente da Comissão de Direito Aduaneiro da Ordem dos Advogados do Brasil (OAB) na seção do Rio de Janeiro. Membro da Comissão Especial de Assuntos Tributários e da Comissão da Justiça Federal da OAB/RJ. Diretora da Sociedade Brasileira de Direito Tributário (SBDT). Sócia do escritório Fraga, Bekierman & Cristiano Advogados.

Marcelo Ludolf

Pós-graduado em direito tributário pelo Instituto Brasileiro de Estudos Tributários (Ibet). Graduado em direito pela Pontifícia Universidade Católica do Rio de Janeiro (PUC-Rio). Tem curso de extensão em direito processual tributário pela Universidade Candido Mendes (Ucam). É membro da Ordem dos Advogados do Brasil (OAB) na seção do Rio de Janeiro, da Associação Brasileira de Direito Financeiro (ABDF) e do Grupo de Debates Tributários do Rio de Janeiro (GDT-Rio). Assistente de pesquisa nos cursos de pós-graduação da FGV DIREITO RIO. Advogado e associado do escritório Basilio Advogados.

Maurício Faro

Mestre em direito pela Universidade Gama Filho (UGF). Bacharel em direito pela Universidade do Estado do Rio de Janeiro (Uerj). Especialista em direito tributário pelo Instituto Brasileiro de Estudos Tributários (Ibet) e sócio de Barbosa Mussnich e Aragão. Conselheiro titular do Conselho Administrativo de Recursos Fiscais (Carf) e presidente da Comissão de Direito Tributário da Ordem dos Advogados do Brasil (OAB), seção do Rio de Janeiro.

Mauro Luís Rocha Lopes

Mestre pela Universidade Federal Fluminense (UFF), juiz federal. Ex-promotor de Justiça no Rio de Janeiro. Ex-procurador da Fazenda Nacional. Professor do Master Juris. Autor das obras *Direito tributário* e *Processo judicial tributário*.

Nilson Furtado de Oliveira Filho

Mestre em direito público pela Universidade do Estado do Rio de Janeiro (Uerj). Exerceu os cargos de técnico do Tesouro Nacional (hoje denominado analista tributário da Receita Federal), procurador do Instituto Nacional do Seguro Social (INSS) e procurador da Fazenda Nacional. Ocupa o cargo de procurador do estado do Rio de Janeiro, atuando como chefe da Assessoria Jurídica da Secretaria de Fazenda do Estado do Rio de Janeiro. Atua também como advogado no estado do Rio de Janeiro.

Renato Moreira Trindade

Sócio de Mello Alves & Trindade Advogados. Graduado pela Faculdade Nacional de Direito da Universidade Federal do Rio de Janeiro (UFRJ), pós-graduado em direito empresarial, com concentração em direito tributário, pela FGV, especializado em tributação internacional pela Associação Brasileira de Direito Financeiro (ABDF) e graduando em ciências contábeis pela Trevisan Escola de Negócios. Assistente de pesquisa dos cursos de pós-graduação em direito tributário e de processo tributário da FGV.

René Longo

Mestre em direito tributário. Advogado e consultor jurídico atuante desde 2005. Sua experiência profissional inclui a consultoria fiscal e docência em cursos de MBA, LL.M e In Company da FGV, pós-graduação da Pontifícia Universidade Católica do Rio de Janeiro (PUC-Rio), além da atividade de professor na Escola da Magistratura do Estado do Rio de Janeiro (Emerj) e Fundação Escola da Defensoria Pública do Estado do Rio de Janeiro (Fesudeperj).

Ricardo Lodi Ribeiro

Doutor e mestre em direito tributário. Coordenador do Programa de Pós-Graduação em Direito da Universidade do Estado do Rio de Janeiro (Uerj). Professor adjunto de direito financeiro da Uerj. Presidente da Sociedade Brasileira de Direito Tributário (SBDT).

Ronaldo Campos Silva

Procurador da Fazenda Nacional. Mestre em direito processual pela Universidade do Estado do Rio de Janeiro (Uerj).

Thadeu Soares Gorgita Barbosa

Advogado tributarista. Pós-graduado em direito tributário e financeiro pela Universidade Federal Fluminense (UFF).

Pós-graduado em direito público e tributário pela Universidade Candido Mendes (Ucam). Assistente de pesquisa do LL.M em direito tributário da FGV DIREITO RIO.

Thais Bandeira de Mello Rodrigues

Advogada tributarista. Especialista em *international oil & gas law, contracts and negotiations* pela Rocky Mountain Mineral Law Foundation. Pós-graduanda em petróleo e gás pelo Instituto Alberto Luiz Coimbra de Pós-Graduação e Pesquisa de Engenharia (Coppe) da Universidade Federal do Rio de Janeiro (UFRJ).

Vânia Maria Castro de Azevedo

Pós-graduanda em língua portuguesa pela Universidade do Estado do Rio de Janeiro (Uerj). Graduada em comunicação social, com habilitação em jornalismo, pelas Faculdades Integradas Hélio Alonso (Facha). Especializada em *publishing management: o negócio do livro* pela FGV. Atua no mercado editorial como copidesque e revisora de livros técnicos e científicos e, atualmente, como revisora do material didático dos cursos de extensão e especialização da FGV DIREITO RIO.